Spécial

NOUVEAU BREVET

Physique-Chimie SVT, Techno

Physique-Chimie

Sandrine Blondy
Professeur certifié de Sciences Physiques et Chimiques

Benoît Lasperas
Professeur de Mathématiques et de Sciences Physiques

SVT

Valérie Barrière-Guesné
Professeur certifié de SVT

Technologie

Louis Terroux
Nicolas Derache
Professeurs certifiés de Technologie

MAGNARD

W0204948

Sommaire

Démarche de projet : design, innovation et créativité

Évolution des objets techniques, des services et des changements induits dans la société

Démarche scientifique : la modélisation et la simulation des objets techniques

Enseignement d'informatique : réseaux informatiques et programmation

Édition : Julie Morand ; **Conception graphique** : Muriel Ouziane ; **Cartographie** : Gwendal Fossois, Valérie Goncalves, Christel Parolini ; **Crédits photographiques : p. 12** : © Fotolia.com ; **p. 13, 14** : © Fotolia.com ; **p. 22** : © Fotolia.com ; **p. 38** : © Fotolia.com ; **p. 98** : Fotolia.com ; **p. 100** : © www.a4.fr ; **Mise en pages** : Nord Compo.

Aux termes du Code de la propriété intellectuelle, toute reproduction ou présentation intégrale ou partielle de la présente publication, faite par quelque procédé que ce soit (reprographie, microfilmage, scannérisation, numérisation...) sans le consentement de l'auteur ou de ses ayants droit ou ayants cause est illicite et constitue une contrefaçon sanctionnée par les articles L. 335-2 et suivants du Code de la propriété intellectuelle. L'autorisation d'effectuer des reproductions par reprographie doit être obtenue auprès du Centre Français d'exploitation du droit de la Copie (CFC) - 20, rue des Grands-Augustins - 75006 PARIS - Tél. : 01 44 07 47 70 - Fax : 01 46 34 67 19.

© éditions Magnard, 2016

5, allée de la 2e DB - 75015 PARIS
www.magnard.fr
www.specialbrevet.magnard.fr

Achevé d'imprimer en juin 2016 par Loire Offset Titoulet (France)
Dépôt légal : juin 2016, N° éditeur : 2016_1202

Description de l'épreuve et conseils pour réussir

Description de l'épreuve

• Le nouveau Brevet comprend, outre le contrôle continu, **deux épreuves écrites** (la première regroupant mathématiques, physique-chimie, SVT et technologie ; la seconde regroupant français et histoire-géographie-EMC) et **une épreuve orale**.

• La **première épreuve écrite**, notée sur 100 points au total, a une durée de trois heures et se compose de **deux parties**.

• La première partie de cette épreuve (2 heures) porte sur le programme de mathématiques.

• La seconde partie porte sur les programmes de **physique-chimie, SVT ou technologie**. Le sujet se compose, pour chaque discipline, d'**un ou plusieurs exercices de 30 minutes répartis entre deux disciplines**.

Durée : 1 heure

Durée : 45 points distribués entre les différents exercices + 5 points réservés à la présentation de la copie et à l'utilisation de la langue française en cultivant précision, richesse de vocabulaire et syntaxe pour rendre compte des observations, expériences, hypothèses, conclusions.

• Il existe donc **trois combinaisons possibles** pour cette épreuve :
– mathématiques + physique-chimie + SVT ;
– mathématiques + physique-chimie + technologie ;
– mathématiques + SVT + technologie.

Conseils pour réussir

• Travaillez tout au long de l'année, apprenez régulièrement vos leçons et entraînez-vous.

• Pour le jour de l'épreuve, préparez votre matériel ! En examen, vous ne pouvez pas emprunter du matériel à un autre candidat.

• Pendant l'épreuve, gérez votre temps, sans vous précipiter. Lisez attentivement toutes les consignes avant de répondre à un exercice et mesurez la place nécessaire pour la réponse afin de ne pas laisser de blanc.

• La présentation de la copie est importante ! Numérotez vos réponses, aérez votre copie, soignez votre écriture pour être bien lisible et, surtout, relisez-vous pour corriger vos éventuelles fautes d'orthographe et de grammaire.

La constitution de la matière

1 Les états de la matière

- La matière peut se trouver sous trois états différents : **solide**, **liquide** ou **gaz**.
- Elle peut changer d'état en fonction des conditions de température et de pression.

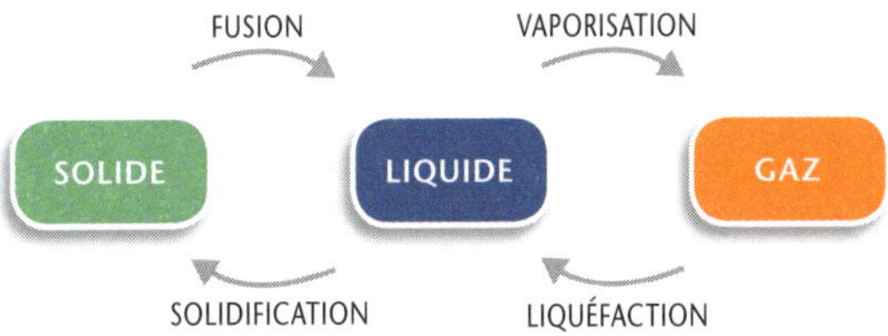

2 Les constituants de la matière

- La matière est constituée d'**atomes**. Chaque atome est représenté par un des **symboles** du **tableau périodique des éléments**. Sur Terre, les atomes d'**hydrogène (H)**, de **carbone (C)**, d'**azote (N)** et d'**oxygène (O)** jouent un rôle particulièrement important.
- Les atomes peuvent s'associer pour former des **molécules**. À chaque molécule correspond une **formule chimique** qui indique le nom et le nombre d'atomes qui la composent.

Exemple : La molécule d'eau H_2O est composée de deux atomes d'**hydrogène** (symbole **H**) et d'un atome d'**oxygène** (symbole **O**).

À retenir

Molécules à connaître :
- le dioxygène : O_2
- le diazote : N_2
- le dihydrogène : H_2
- le dioxyde de carbone : CO_2
- l'eau : H_2O

3 Les atomes

Un atome est constitué d'un **noyau atomique** et d'**électrons**.

a. Les électrons

- Ils sont tous identiques et portent une **charge électrique élémentaire négative**.

b. Le noyau atomique

À retenir

Un atome électriquement neutre possède autant de charges positives que de charges négatives.

- Il est constitué d'un assemblage de **protons** et de **neutrons**.
- Chaque proton porte une **charge électrique élémentaire positive**.
- Le neutron **ne possède pas de charge électrique**.
- Le noyau est caractéristique de l'atome : des atomes identiques ont des noyaux identiques ; des atomes différents ont des noyaux différents.

4 Les ions

- Un ion est un atome ou un groupe d'atomes qui a **perdu** ou **gagné** un ou plusieurs **électrons**. Il possède donc une **charge électrique** notée en haut à droite de sa formule chimique.

a. Les ions positifs : les cations

- Ce sont des atomes ou groupe d'atomes qui ont **perdu** un ou plusieurs **électrons**.

Exemple : L'atome Fe perd deux électrons pour former l'ion Fe^{2+}.

atome de fer $_{26}\mathbf{Fe}$:

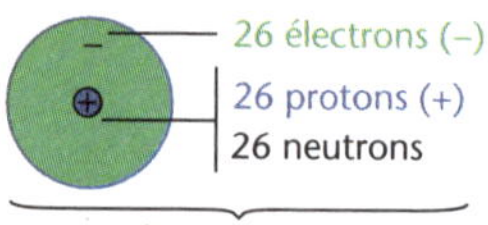

charge globale :
26(+) + 26(–) = 0

ion fer $_{26}\mathbf{Fe}^{2+}$:

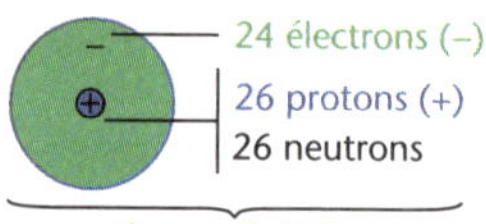

charge globale :
26(+) + 24(–) = 2(+)

b. Les ions négatifs : les anions

- Ce sont des atomes ou groupe d'atomes qui ont **gagné** un ou plusieurs **électrons**.

Exemple : L'atome Cl gagne 1 électron pour former l'ion Cl^-.

atome de chlore $_{17}\mathbf{Cl}$:

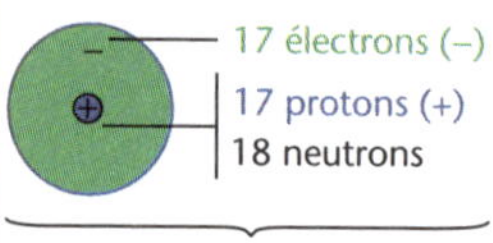

charge globale :
17(+) + 17(–) = 0

ion chlorure $_{17}\mathbf{Cl}^-$:

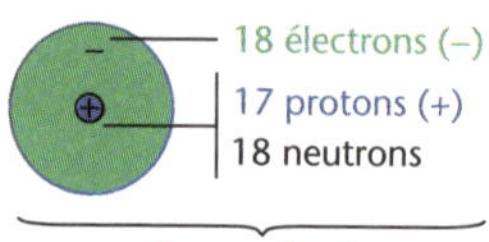

charge globale :
17(+) + 18(–) = (–)

Les transformations chimiques

FICHE 2

1 Généralités

- Lors d'une **transformation physique** (un changement d'état par exemple) ou lors d'un **mélange**, les **espèces chimiques restent les mêmes**. Seule leur organisation change.
- Lors d'une **transformation chimique**, les atomes constituant les espèces chimiques s'associent différemment pour former de **nouvelles espèces**.

État initial — **RÉACTIFS** : Espèces chimiques qui vont se transformer → *Transformation chimique* → **État final** — **PRODUITS** : Nouvelles espèces chimiques

Exemple 1 : Fusion de la glace

Eau $_{\text{(solide)}}$ → Eau $_{\text{(liquide)}}$

La molécule ne change pas : c'est une transformation physique.

Exemple 2 : Combustion du fer

Fer + dioxygène → Oxyde de fer

Une nouvelle molécule s'est formée : c'est une transformation chimique.

2 Conservation de la masse lors d'une transformation chimique

- Lors d'une transformation chimique, la **masse des réactifs consommés** est **égale** à la **masse des produits formés**.

À retenir

Loi de Lavoisier :
« Rien ne se perd, rien ne se crée, tout se transforme ».

Exemple : La combustion complète de 5 g de carbone dans 14 g de dioxygène produit du dioxyde de carbone. Quelle est la masse de produit formé ?

Carbone + dioxygène → Dioxyde de carbone

Masse des réactifs consommés	Masse de produit formé
Carbone : 5 g + dioxygène : 14 g	5 + 14 = 19 g de dioxyde de carbone

La combustion produit 19 g de dioxyde de carbone.

3 Équation de réaction chimique

- Une **équation de réaction chimique** décrit les transformations chimiques qui ont eu lieu, en indiquant **le nombre et la formule des réactifs et des produits**.
- Elle **respecte la loi de Lavoisier** : les atomes constituant les réactifs se retrouvent en même nombre dans les produits.

Exemple 1 : La combustion du carbone dans le dioxygène produit du dioxyde de carbone.

Carbone + dioxygène → Dioxyde de carbone

Réactifs

1 atome de carbone (C)
1 molécule de dioxygène (O_2)
2 atomes d'oxygène

Transformation chimique

Produits

1 molécule de dioxyde de carbone (CO_2)
1 atome de carbone
2 atomes d'oxygène

$$C + O_2 \rightarrow CO_2$$

1 atome de carbone (C) réagit avec 1 molécule de dioxygène (O_2) pour former 1 molécule de dioxyde de carbone (CO_2).

Exemple 2 : La transformation chimique du dihydrogène avec le dioxygène produit de l'eau.

Dihydrogène + dioxygène → Eau

Réactifs

1 molécule de dihydrogène (H_2)
2 atomes d'hydrogène
1 molécule de dioxygène (O_2)
2 atomes d'oxygène

Transformation chimique

Produits

1 molécule d'eau (H_2O)
2 atomes d'hydrogène
1 atome d'oxygène

La conservation des atomes n'est pas respectée. Il faut modifier les proportions des molécules pour ***ajuster*** *l'équation de réaction chimique.*

Réactifs

2 molécules de dihydrogène (H_2)
4 atomes d'hydrogène
1 molécule de dioxygène (O_2)
2 atomes d'oxygène

Transformation chimique

Produits

2 molécules d'eau (H_2O)
4 atomes d'hydrogène
2 atomes d'oxygène

$$2H_2 + O_2 \rightarrow 2H_2O$$

2 molécules de dihydrogène ($2H_2$) réagissent avec 1 molécule de dioxygène (O_2) pour former 2 molécules d'eau ($2H_2O$).

Les propriétés acidobasiques

FICHE 3

1 Généralités

a. Le pH d'une solution aqueuse

- Le pH caractérise l'acidité d'une solution. C'est une grandeur sans unité qui varie entre 0 et 14.
- Le pH se mesure avec un pH–mètre ou du papier pH.

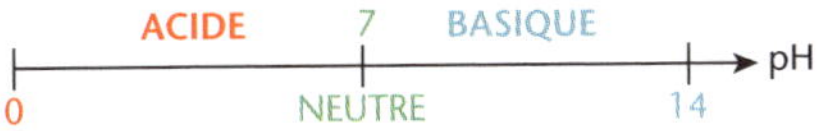

- Plus une solution est acide, plus son pH est proche de 0.
- Plus une solution est basique, plus son pH est proche de 14.
- Une solution est dite neutre si son pH est égal à 7.

Exemple 1 :
Eau de Javel : pH = 11
Eau de mer : pH = 8,5
Ce sont des solutions basiques car leur pH est supérieur à 7.
L'eau de Javel est plus basique que l'eau de mer car $pH_{\text{eau de Javel}} > pH_{\text{eau de mer}}$

Exemple 2 :
Vinaigre : pH = 3
Jus de citron : pH = 2,4
Ce sont des solutions acides car leur pH est inférieur à 7.
Le jus de citron est plus acide que le vinaigre car $pH_{\text{jus de citron}} < pH_{\text{vinaigre}}$

b. Ions et pH

- L'ion hydrogène H^+ est responsable du caractère acide d'une solution : plus il est concentré, plus la solution est acide.

Exemple : Solution d'acide chlorhydrique : ($H^+ + Cl^-$)

- L'ion hydroxyde HO^- est responsable du caractère basique d'une solution : plus il est concentré, plus la solution est basique.

Exemple : Solution d'hydroxyde de sodium : ($Na^+ + HO^-$)

À retenir
Lorsqu'on dilue une solution, son pH se rapproche de 7 car les ions sont moins concentrés.

- Le pH est neutre (pH = 7) lorsque la concentration des ions H^+ est égale à celle des ions HO^-. C'est le cas de l'eau pure.

c. Sécurité

• Les acides et les bases sont des produits **corrosifs** lorsqu'ils sont concentrés (ils peuvent ronger la peau en cas de contact ou de projection). Leur utilisation nécessite le port de gants, de lunettes de protection et d'une blouse.

• Ce danger est signifié par le pictogramme :

2 Transformations chimiques

a. Entre solutions acides et solutions basiques

• Les ions hydrogène (**H^+**) de la solution acide réagissent avec les ions hydroxyde (**HO^-**) de la solution basique pour former de l'eau :

$$H^+ \quad + \quad HO^- \longrightarrow H_2O$$

b. Entre solutions acides et métaux

À retenir

Des tests de reconnaissance permettent d'identifier les produits formés.

• Lorsqu'on introduit certains métaux dans de l'acide, il y a une transformation chimique.

• Ce sont les **ions hydrogène** (H^+) contenus dans les acides qui **réagissent avec ces métaux** pour former le gaz **dihydrogène** (H_2) et **l'ion correspondant au métal**.

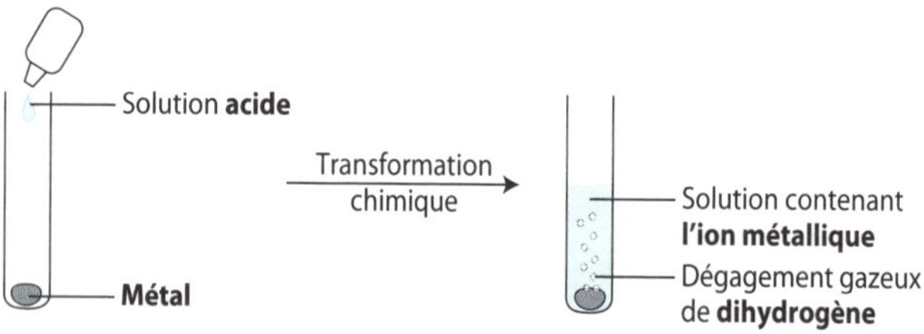

Exemple : Transformation chimique entre l'acide chlorhydrique et le fer.

Fer + acide chlorhydrique ⟶ Chlorure de fer II + dihydrogène

$Fe + 2(H^+ + Cl^-) \longrightarrow (Fe^{2+} + 2Cl^-) + H_2$

Les ions chlorures ne réagissent pas, ils sont dits spectateurs.

On peut alors simplifier l'équation bilan :

$Fe + 2H^+ \longrightarrow Fe^{2+} + H_2$

Un atome de fer (Fe) réagit avec deux ions hydrogène ($2H^+$) pour former l'ion fer II (Fe^{2+}) et une molécule de dihydrogène (H_2).

La matière dans l'Univers

FICHE 4

1 L'Univers

a. Formation

- L'Univers s'est formé il y a environ 15 milliards d'années.
- Il était dans un état hautement comprimé, et a entamé une phase d'expansion qui se poursuit encore aujourd'hui. C'est ce qu'on appelle le Big Bang. C'est à ce moment que se sont formés les éléments les plus présents dans l'Univers (l'hydrogène et l'hélium).

b. Structure

- Sous l'action des forces de gravitation, la matière s'est regroupée et organisée en galaxies.
- L'Univers contient des milliards de galaxies séparées par d'immenses espaces vides.

c. Distances

- Depuis le Big Bang, l'Univers a poursuivi son expansion : les galaxies s'éloignent les unes des autres.
- À cette échelle, le mètre n'est pas une unité adaptée. On utilise l'année-lumière (al).

Une année lumière est la distance parcourue par la lumière dans le vide en une année (1 al = $9{,}46 \times 10^{15}$ m).

- L'Univers s'étend sur environ $4{,}3 \times 10^{26}$ mètres (soit environ 45 milliards d'années-lumière).

À retenir

L'année-lumière est une unité de distance.

2 La galaxie

- Notre galaxie s'appelle la Voie Lactée. Elle a la forme d'une spirale de diamètre 100 000 al.
- Elle regroupe des milliards d'étoiles séparées par du vide.

3 Le système solaire

• La région de la Voie Lactée où nous vivons est le **système solaire**. Il s'est formé à partir de gaz et de poussières provenant d'étoiles mortes il y a 4,6 milliards d'années.

• Il est composé d'objets célestes (**8 planètes et leurs satellites, astéroïdes et comètes**), qui **gravitent** autour d'une **étoile (le Soleil), séparés par du vide**.

À retenir

Le système solaire contient une seule étoile : le Soleil.

a. Le Soleil

• Il est principalement composé d'**hydrogène** et d'**hélium**.
• Sa température élevée permet des réactions nucléaires qui produisent des éléments plus lourds (carbone, oxygène, azote, silicium...).

b. Les planètes

Les planètes sont classées en 2 catégories :
• Les **4 planètes telluriques** (solides), proches du Soleil : Mercure, Vénus, Terre, Mars.
• Les **4 planètes géantes gazeuses**, plus éloignées : Jupiter, Saturne, Uranus, Neptune.

4 La Terre

• La Terre se trouve en moyenne à **$1{,}5 \times 10^8$ km** du Soleil. Cette distance entre la Terre et le Soleil est appelée **unité astronomique** (ua).
• La Terre est plutôt constituée **d'atomes lourds** (fer, oxygène, silicium, magnésium).
• La matière que nous observons autour de nous, qu'elle soit vivante ou inerte, est toujours constituée à partir d'atomes.
• Chaque atome est constitué d'un **noyau** et d'**électrons** en mouvement **séparés par du vide**. En se combinant entre eux, ces éléments ont formé des molécules puis des êtres vivants.

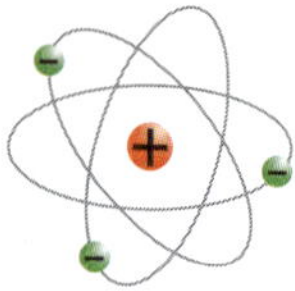

• **Tous les atomes qui nous constituent ainsi que la matière de notre environnement ont été produits par les étoiles.**

Exercice commenté pas à pas

Convertir des unités de distance

Exercice

Le tableau ci-dessous présente les distances entre le Soleil et différents objets de l'Univers.

Objet	Distance au Soleil
Vénus	108 milliards de m
Saturne	9,5 ua
Galaxie d'Andromède	2,5 millions d'al
Mercure	60 millions de km
Proxima du centaure	4,2 al
Uranus	$2{,}9 \times 10^{12}$ m

Données :
– L'unité astronomique (ua) correspond à la distance entre la Terre et le Soleil : 1 ua = $1{,}5 \times 10^{8}$ km.
– L'année-lumière (al) correspond à la distance parcourue par la lumière en une année : al = $9{,}46 \times 10^{12}$ km.

1. Rangez ces objets par ordre croissant de distance en justifiant votre réponse.
2. Regroupez les objets dont les distances au Soleil sont du même ordre de grandeur.

Avant de commencer

- Maîtriser les **calculs de proportionnalité**.
- Savoir convertir des **distances**.
- Savoir écrire un nombre en **écriture scientifique**.

Rappel : L'écriture scientifique d'un nombre est l'écriture de ce nombre sous la forme : $a \times 10^{n}$ (avec $1 \leq a < 10$).

Choisissez une unité commune (le km).

Écrivez toutes les distances en écriture scientifique.

- Écrire en écriture scientifique : Placez une virgule pour avoir un chiffre non nul avant la virgule et multipliez par la puissance de 10 correspondante.
$d_{Mercure} = 60\ 000\ 000\ km = 6{,}0 \times 10^7\ km$

- Convertir les m en km : 1 m = 0,001 km soit 1×10^{-3} km (multipliez la distance par cette valeur).
$d_{Vénus} = 108\ 000\ 000\ 000\ m$
$d_{Vénus} = 1{,}08 \times 10^{(11-3)}\ km$
$d_{Vénus} = 1{,}08 \times 10^8\ km$
$d_{Uranus} = 2{,}9 \times 10^{12}\ m$
$d_{Uranus} = 2{,}9 \times 10^{(12-3)}\ km$
$d_{Uranus} = 2{,}9 \times 10^9\ km$

- Convertir les distances en ua en km : 1 ua = $1{,}5 \times 10^8$ km (multipliez la distance par cette valeur).
$d_{Saturne} = 9{,}5\ ua = 9{,}5 \times 1{,}5 \times 10^8\ km$
$d_{Saturne} = 1{,}425 \times 10^9\ km$

- Convertir les distances en al en km : 1 al = $9{,}46 \times 10^{12}$ km (multipliez la distance par cette valeur).
$d_{Andromède} = 2\ 500\ 000\ al$
$d_{Andromède} = 2\ 500\ 000 \times 9{,}46 \times 10^{12}\ km$
$d_{Andromède} = 2{,}365 \times 10^{19}\ km$
$d_{Proxima} = 4{,}2\ al$
$d_{Proxima} = 4{,}2 \times 9{,}46 \times 10^{12}\ km$
$d_{Proxima} = 4 \times 10^{13}\ km$

Rangez les valeurs dans l'ordre croissant.

Mercure – Vénus – Saturne – Uranus – Proxima du Centaure – Galaxie d'Andromède.

Pour déterminer l'ordre de grandeur, arrondissez à la puissance de 10 la plus proche.

Distance au Soleil	Valeur approchée	Ordre de grandeur
$d_{Mercure} = 6{,}0 \times 10^7$ km	$\approx 10 \times 10^7$ km (car $6 \geq 5$)	10^8 km
$d_{Vénus} = 1{,}08 \times 10^8$ km	$\approx 1 \times 10^8$ km	
$d_{Saturne} = 1{,}425 \times 10^9$ km	$\approx 1 \times 10^9$ km	10^9 km
$d_{Uranus} = 2{,}9 \times 10^9$ km	$\approx 1 \times 10^9$ km	
$d_{Proxima} = 4 \times 10^{13}$ km	$\approx 1 \times 10^{13}$ km	10^{13} km
$d_{Andromède} = 2{,}365 \times 10^{19}$ km	$\approx 1 \times 10^{19}$ km	10^{19} km

BILAN

Organisation et transformations de la matière

FICHE 6

MÉMO

THÈMES clés

La constitution de la matière : fiche 1

Les transformations chimiques : fiche 2

Les propriétés acidobasiques : fiche 3

La matière dans l'Univers : fiche 4

NOTIONS clés

La matière se présente sous trois états : solide, liquide et gazeux.

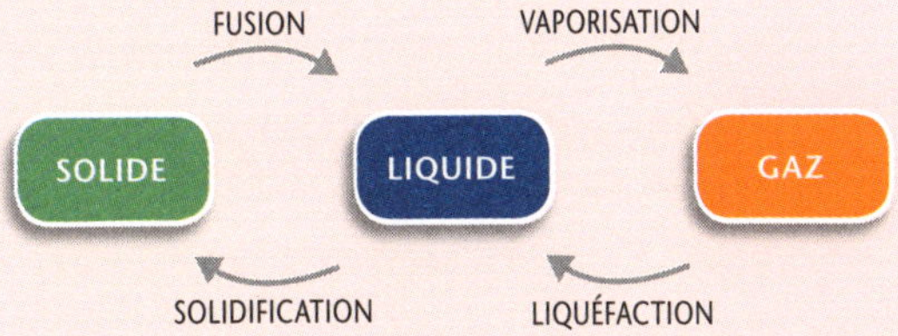

La matière est constituée d'atomes :

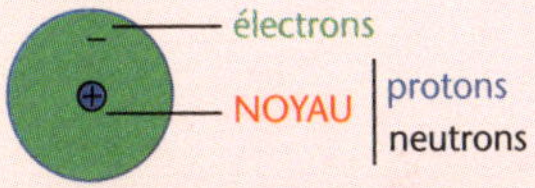

Les ions sont des atomes ou des molécules qui ont perdu ou gagné des électrons :
- ion positif (cation) : un ou plusieurs électrons perdus ;
- ion négatif (anion) : un ou plusieurs électrons gagnés.

De l'atome jusqu'à l'échelle cosmique, la structure de l'Univers est lacunaire (essentiellement occupée par du vide).

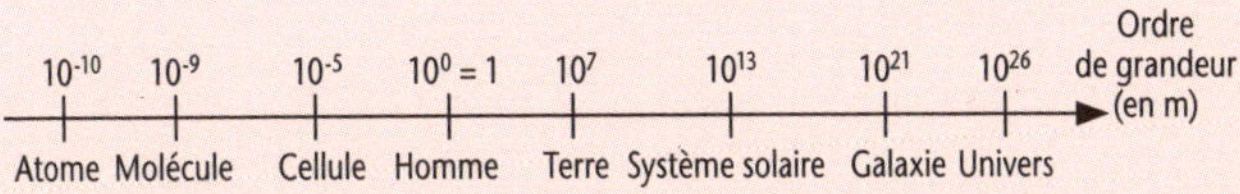

SCHÉMAS-BILANS

Les constituants de la matière

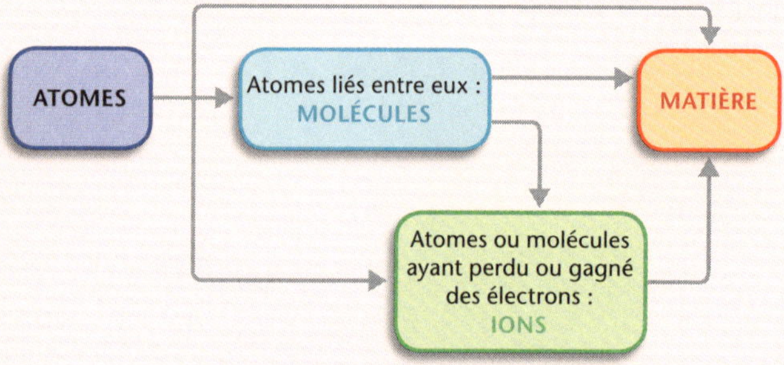

Les transformations chimiques

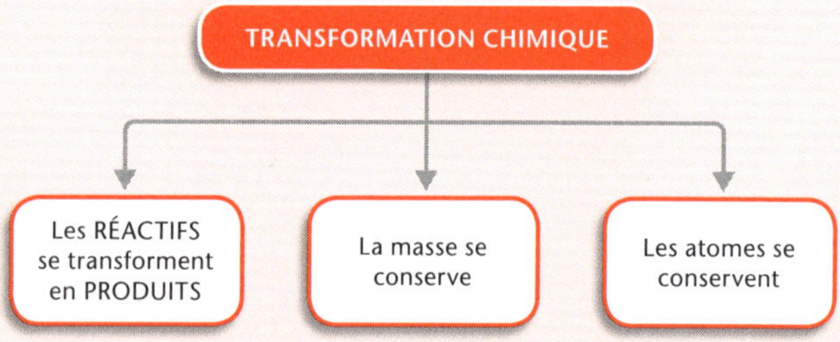

Les propriétés acidobasiques

pH < 7 H^+ prédomine **solution acide**	**pH = 7** autant de H^+ que de HO^- **solution neutre**	**pH > 7** HO^- prédomine **solution basique**

Quiz-bilan

→ *Réponses au verso.*

1 Le noyau atomique est composé :

a. ☐ de neutrons et d'électrons.
b. ☐ de neutrons et de protons.
c. ☐ d'électrons et de protons.

2 Les électrons ont une charge :

a. ☐ négative. b. ☐ positive. c. ☐ neutre.

3 Un atome d'oxygène gagne deux électrons. L'ion formé aura pour formule :

a. ☐ O^{2+}. b. ☐ $2O^{-}$. c. ☐ O^{2-}.

4 La molécule de protoxyde d'azote a pour formule N_2O. Elle contient :

a. ☐ deux atomes d'azote et un atome d'oxygène.
b. ☐ deux molécules d'azote et une molécule d'oxygène.
c. ☐ un atome d'azote et deux atomes d'oxygène.

5 Indiquez quelles sont les transformations chimiques :

a. ☐ fusion de la glace. b. ☐ combustion du méthane.
c. ☐ vaporisation de l'éthanol.

6 Une solution de pH = 6 présente un caractère :

a. ☐ neutre. b. ☐ basique. c. ☐ acide.

7 Le caractère basique d'une solution est dû à la présence :

a. ☐ d'eau. b. ☐ d'ions HO^{-}. c. ☐ d'ions H^{+}.

8 Lorsque le fer est en contact avec l'acide chlorhydrique :

a. ☐ il y a une transformation chimique.
b. ☐ le fer fond. c. ☐ cela produit du dioxygène.

9 Le diamètre de notre galaxie est de 850 000 000 000 000 000 km.
Cela correspond à :

a. ☐ $8,5 \times 10^{17}$ km. b. ☐ $8,5 \times 10^{14}$ m. c. ☐ $8,5 \times 10^{20}$ m.

10 L'année-lumière est une unité :

a. ☐ de temps. b. ☐ de distance. c. ☐ de vitesse.

11 Le système solaire est composé de :

a. ☐ huit planètes et du Soleil séparés par de l'air.

b. ☐ huit planètes et de milliards d'étoiles séparées par du vide.

c. ☐ huit planètes et une étoile séparées par du vide.

Réponses :

1 b Il est constitué d'un assemblage de protons et de neutrons. – **2 a** Chaque électron porte une charge électrique élémentaire négative. – **3 c** L'ion possède une charge électrique (2 électrons donc 2–) notée en haut à droite. – **4 a** Une molécule est composée d'atomes dont le nombre est indiqué dans la formule chimique. – **5 b** Lors d'une transformation chimique, de nouvelles molécules apparaissent. – **6 c** pH < 7 : caractère acide. – **7 b** L'ion hydroxyde : HO^- est responsable du caractère basique d'une solution. – **8 a** Lorsqu'on introduit certains métaux (le fer) dans de l'acide, il y a une transformation chimique. – **9 a et c** $8,5 \times 10^{17}$ km = $8,5 \times 10^{17} \times 10^3$ m = $8,5 \times 10^{(17+3)}$ m. – **10 b** Une année-lumière est la distance parcourue par la lumière dans le vide en une année. – **11 c** Il est composé d'objets célestes (8 planètes et leurs satellites, astéroïdes et comètes), qui gravitent autour d'une étoile (le Soleil), séparés par du vide.

Caractéristiques d'un mouvement

FICHE 8

1 Relativité du mouvement

• L'état de mouvement ou de repos est défini par rapport à un objet de référence : le **référentiel**.

Exemple : Un passager assis dans un train qui démarre, est en mouvement par rapport au quai, mais au repos par rapport au siège sur lequel il est assis.

2 Vitesse

a. Caractéristiques

• La **vitesse** d'un objet est définie par sa **direction** (verticale, horizontale, etc.), son **sens** (vers le bas, vers la droite, etc.) et sa **valeur**.

• L'unité légale est le **mètre par seconde** (**m/s** ou **$m.s^{-1}$**).

b. Relation mathématique

• La **vitesse** (v) dépend de la **distance** parcourue (d) et du **temps** mis pour la parcourir (t).

$$v = \frac{d}{t}$$

- v : vitesse en m/s
- d : distance parcourue en m
- t : temps de parcours en s

Exemple : Déterminer la vitesse d'un train parcourant 400 km en 2 h 30 min. Arrondir le résultat au dixième.
d = 400 km et t = 2 h 30 min

• Conversion de la distance en mètres :
d = 400 km
d = 400 × 1 000
d = 400 000 m

À retenir
Il faut convertir les grandeurs dans l'unité demandée.
1 km = 1 000 m
1 min = 60 s
1 h = 60 min = 3 600 s

• Conversion du temps en secondes :
t = 2 h 30 min
t = (2 × 3 600) + (30 × 60)
t = 9 000 s

• Calcul de la vitesse :
$$v = \frac{400\,000}{9\,000}$$
v = 44,4 m/s
La vitesse du train est de 44,4 m/s.

3 Les différents types de mouvement

Un mouvement est défini par sa **trajectoire** et sa **vitesse**.

a. La trajectoire

- Si la **trajectoire** de l'objet en mouvement décrit une **droite**, le mouvement est dit **rectiligne**.
- Si la **trajectoire** de l'objet en mouvement décrit un **cercle**, le mouvement est dit **circulaire**.

b. La vitesse

- Le mouvement est dit **uniforme**, lorsque sa **vitesse** conserve la **même valeur** au cours du temps.
- Lorsque la valeur de la **vitesse augmente**, le mouvement est **accéléré**.
- À l'inverse, si la valeur de **la vitesse diminue**, le mouvement est dit **retardé ou ralenti**.

Exemple : Chronophotographie du mouvement d'un motard.

La trajectoire du motard est une droite : le mouvement est rectiligne.
La distance parcourue en 1 s par le motard augmente au cours du temps : le mouvement est accéléré.
Le motard a un mouvement rectiligne accéléré.

Exercice commenté pas à pas

Calculer une vitesse, une distance, une durée

Exercice

Les panneaux d'entrée et de sortie d'une agglomération sont distants de 7 200 m.
(Rappel : la vitesse en agglomération est limitée à 50 km/h.)

1. Un automobiliste traverse l'agglomération en 6 minutes.
a. Quelle est sa vitesse moyenne en m/s ?
b. L'automobiliste est-il en infraction ?

2. Un scooter traverse l'agglomération à 12,5 m/s.
Quelle est la durée de son trajet en secondes ?

Avant de commencer

- Connaître la **relation mathématique** liant vitesse, distance et temps.
- Savoir **convertir** des distances.
- Savoir **convertir** des durées.

→ Convertissez la durée en secondes.

$t = 6$ min
1 min = 60 s donc :
$t = 6 \times 60$
$t = 360$ s

→ Appliquez la relation $v = \frac{d}{t}$.

$d = 7\,200$ m et $t = 360$ s

$$v = \frac{7\,200}{360}$$

$v = 20$ m/s
La vitesse moyenne de l'automobiliste est de 20 m/s.

→ Convertissez la vitesse en km/h pour pouvoir la comparer à 50 km/h.

La vitesse de l'automobiliste est de 20 m/s, donc il parcourt 20 m en 1 s.
Sachant que 1 h = 3 600 s, il parcourt donc :
$20 \times 3\,600 = 72\,000$ m en 1 h.
Sachant que 1 km = 1 000 m, il parcourt donc :
$\frac{7\,200}{1\,000} = 72$ km en 1 h.
On en déduit que la vitesse de l'automobiliste est de 72 km/h.
Cette vitesse est supérieure à la vitesse limite de 50 km/h, il est donc en infraction.

→ Transformez la relation $v = \frac{d}{t}$.

On multiplie les deux membres de l'égalité par t :
$v \times t = \frac{d}{t} \times t$
On simplifie le membre de droite par t : $v \times t = d$
On divise les deux membres par v : $\frac{v \times t}{v} = \frac{d}{v}$
En simplifiant le membre de gauche par v, on obtient : $t = \frac{d}{v}$
En remplaçant d et v par leurs valeurs, on a :
$t = \frac{7\,200}{12,5}$
$t = 576$
La durée du trajet du scooter est donc de 576 s.

FICHE 10

Modélisation d'une force

1 Les différents types d'interaction

Les interactions sont les **forces réciproques** mises en jeu lorsqu'un objet exerce une action sur un autre.
On les classe en deux catégories :

- **Interactions de contact**

  Exemple : Interaction clou-marteau (le marteau exerce une force sur le clou et le clou exerce une force sur le marteau).

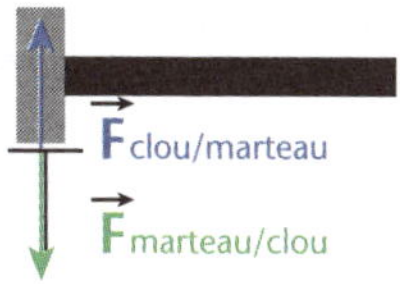

- **Interactions à distance**

  Exemple : Interaction Terre-Lune (la Terre exerce une force sur la Lune et la Lune exerce une force sur la Terre).

2 Caractéristiques d'une force

- La valeur d'une force se mesure avec un **dynamomètre**. Son unité est le **Newton (N)**.
- Pour définir une force, il faut déterminer :
  - son **point d'application** (point où s'exerce la force),
  - sa **direction** (droite selon laquelle s'exerce la force : horizontale, diagonale...),
  - son **sens** (vers où agit la force : vers le haut, vers la droite...),
  - sa **valeur** (exprimée en Newton).

À retenir

Il ne faut pas confondre **direction** et **sens**. Si on peut dire « vers quelque chose », il s'agit du sens.

- On la **représente par une flèche** de même direction que la force, orientée dans le sens de la force et dont la longueur est proportionnelle à sa valeur.
- Une force exercée par un émetteur vers un récepteur se note : $\vec{F}_{émetteur/récepteur}$

3 Loi de gravitation universelle

a. Cas général

- Tous les objets sont soumis à des forces d'attraction (interactions gravitationnelles).
- Loi de gravitation universelle : deux objets A et B s'attirent mutuellement avec une force de même valeur et de sens opposé.
- La **valeur** de ces forces **dépend de la masse** des objets **et de la distance** qui les sépare.

b. Sur Terre : la force de pesanteur ou poids

- Le **poids** ($\vec{P}$) est la **force** d'attraction exercée par la Terre sur les objets situés dans son voisinage.

À retenir

Le **poids** et la **masse** sont deux grandeurs différentes à ne pas confondre.

- Les caractéristiques du poids sont :
  - point d'application : **centre de gravité G**,
  - direction : **verticale**,
  - sens : **vers le bas**,
  - valeur : **exprimée en Newton**.

- La valeur du poids d'un objet est proportionnelle à la masse :

$P = m \times g$

- P : poids en N
- m : masse en kg
- g : intensité de pesanteur en N/kg

Exemple : Poids d'un astronaute ayant une masse de 75 kg sur Terre et sur la Lune.
Données : $g_{Terre} = 9{,}81$ N/kg et $g_{Lune} = 1{,}6$ N/kg

Sur Terre :
$P = 75 \times 9{,}81$
$P = 735{,}75$ N

Sur la Lune :
$P = 75 \times 1{,}6$
$P = 120$ N

Définir une force par ses caractéristiques

Exercice

La sonde Messenger a été conçue pour explorer Mercure. Son poids sur Terre est de 10 900 N.

1. Calculez la masse de la sonde (g_{Terre} = 10 N/kg).
2. Quel type d'interaction s'exerce entre la sonde et la Terre ?
3. Lors de son décollage, la sonde s'éloigne de la Terre.
En s'appuyant sur la loi de gravitation universelle, expliquez comment varie la force d'attraction de la Terre sur la sonde.

Loi de gravitation universelle :

$$F_{A/B} = \frac{m_A \times m_B}{d^2} \times G$$

- m_A : masse de la Terre
- m_B : masse de Messenger
- d : distance entre la sonde et le centre de la Terre
- G : constante de gravitation

4. Après un voyage de 7 ans, la sonde se place en orbite autour de Mercure. La planète Mercure exerce une force de 3 420 N sur Messenger.
a. Quelle est la valeur de la force exercée par Messenger sur Mercure ?
b. Donnez les caractéristiques de la force exercée par Mercure sur la sonde, et celle exercée par la sonde sur Mercure.

Avant de commencer

► Connaître les **types d'interaction**.

► Connaître les **caractéristiques d'une force**.

► Connaître la **relation mathématique** liant poids, masse et intensité de pesanteur.

► Savoir **exploiter une relation mathématique**.

Transformez la relation : $P = m \times g$

On divise les deux membres par g : $\frac{P}{g} = \frac{m \times g}{g}$

En simplifiant le membre de droite par g, on obtient : $m = \frac{P}{g}$

$m = \frac{10\,900}{10} = 1\,090$ kg

C'est une interaction à distance (interaction gravitationnelle).

Utilisez la loi de gravitation universelle.

La force d'attraction dépend de la masse de la Terre, de la masse de la sonde et de la distance qui sépare le centre de la Terre et la sonde. Lors de son décollage :
– les masses (m_A et m_B) ne changent pas ;
– la distance (d) augmente car la sonde s'éloigne de la Terre.
La force d'attraction est inversement proportionnelle au carré de cette distance, donc la force diminue.

Définissez les caractéristiques de ces forces.

D'après la loi de gravitation universelle, Mercure et la sonde Messenger s'attirent mutuellement avec une force de même valeur et de sens opposé. On en déduit :

$F_{Mercure/sonde} = F_{sonde/Mercure} = 3\,420$ N

$F_{Mercure/sonde}$
- **Point d'application** : centre de gravité de la sonde
- **Direction** : droite reliant le centre de gravité de Mercure et de la sonde
- **Sens** : vers Mercure (Mercure attire la sonde)
- **Valeur** : 3 420 N

$F_{sonde/Mercure}$
- **Point d'application** : centre de gravité de Mercure
- **Direction** : droite reliant le centre de gravité de Mercure et de la sonde
- **Sens** : vers la sonde (la sonde attire Mercure)
- **Valeur** : 3 420 N

BILAN

Mouvement et interactions

FICHE 12

MÉMO

THÈMES clés

Caractéristiques d'un mouvement : fiche 8

Modélisation d'une force : fiche 10

DÉFINITIONS clés

Interactions : les interactions peuvent être de contact ou à distance. Elles sont modélisées par des forces.

Loi de gravitation universelle : loi qui gouverne l'Univers. Sa valeur dépend de la masse des objets et de la distance qui les sépare.

Poids : le poids est une force d'attraction. Il se mesure en Newton.

Référentiel : un mouvement se définit toujours par rapport à un objet référentiel.

Vitesse : la vitesse est définie par sa direction, son sens et sa valeur.

FORMULES clés

$$v = \frac{d}{t} \quad \begin{cases} v \text{ en m/s} \\ d \text{ en m} \\ t \text{ en s} \end{cases} \quad \text{ou} \quad \begin{cases} v \text{ en km/h} \\ d \text{ en km} \\ t \text{ en h} \end{cases}$$

$$P = m \times g \quad \begin{cases} P \text{ en N} \\ m \text{ en kg} \\ g \text{ en N/kg} \end{cases}$$

SCHÉMAS-BILANS

Caractéristiques d'un mouvement

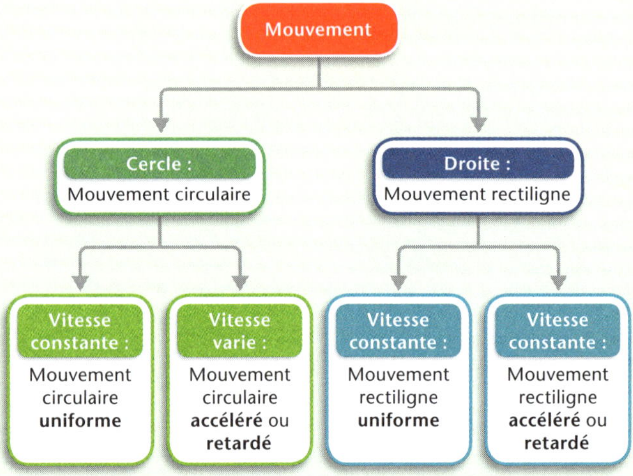

Caractéristiques d'une force

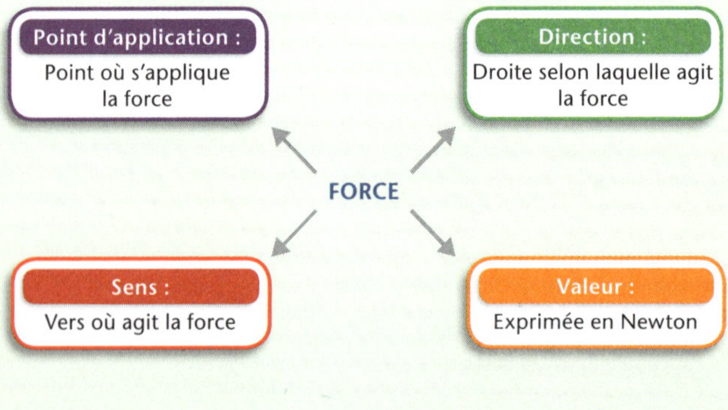

Quiz-bilan

→ *Réponses au verso.*

1 Un passager d'un train est en mouvement par rapport :

a. ☐ au passager assis en face de lui.
b. ☐ à la vache qui regarde passer le train.
c. ☐ aux rails.

2 L'unité légale de mesure de la vitesse est :

a. ☐ le km/h. b. ☐ le m/s. c. ☐ le m.s.

3 La relation mathématique permettant de calculer la vitesse est :

a. ☐ $v = d \times t$ b. ☐ $v = \frac{d}{t}$ c. ☐ $v = \frac{t}{d}$

4 La vitesse d'un cycliste qui parcourt 55 km en 2 h 30 min est :

a. ☐ 55 km/h. b. ☐ 22 km/h. c. ☐ 22 m/s.

5 Un randonneur marche à une vitesse moyenne de 1,5 m/s. Combien de temps mettra-t-il pour atteindre un gîte distant de 27 km ?

a. ☐ 360 minutes. b. ☐ 25 heures. c. ☐ 5 heures.

6 L'unité légale de mesure du poids est :

a. ☐ le kilogramme.
b. ☐ le gramme par seconde.
c. ☐ le Newton.

7 Un chat a une masse de 6 kg. Sachant que g = 9,81 N/kg sur Terre, son poids est :

a. ☐ 58,9 N. b. ☐ 58,9 kg. c. ☐ 0,6 N.

8 **Sur la Lune, un haltère de 120 kg aura une masse :**

a. ☐ inférieure à 120 kg.
b. ☐ égale à 120 kg.
c. ☐ supérieure à 120 kg.

9 **La force d'attraction du Soleil sur la Terre et la force d'attraction de la Terre sur le Soleil ont :**

a. ☐ la même direction, le même sens et la même intensité.
b. ☐ la même direction, des sens opposés et la même intensité.
c. ☐ des directions différentes, le même sens et la même intensité.

10 **Un pot de fleurs tombe d'un rebord de fenêtre sous l'action de la force d'attraction de la Terre qui a une intensité de 19 N. La force d'attraction du pot de fleur sur la Terre a pour intensité :**

a. ☐ 19 N. b. ☐ environ 190 N. c. ☐ 0,000001 N.

Réponses :

1 b et c L'état de mouvement ou de repos est défini par rapport à un objet de référence : le référentiel. – **2** b L'unité légale est le mètre par seconde (m/s ou $m.s^{-1}$). – **3** b L'unité légale de la vitesse est le m/s, le mètre pour la distance et la seconde pour le temps. On peut aussi exprimer la vitesse en km/h ; la distance en km et le temps en h. – **4** b 2 h 30 = 2,5 h donc $v = 55/2{,}5$ en km/h. – **5** c 27 km = 27 000 m ; $t = d/v$ donc $t = 27\,000/1{,}5 =$ 18 000 s. On divise par 3 600 pour obtenir le résultat en heures. – **6** c Le gramme par seconde ne correspond à aucune grandeur ; le Newton est une unité de force. – **7** a $P = m \times g = 6 \times 9{,}81$. Le poids est une force et s'exprime en Newton. – **8** b La masse garde la même valeur quel que soit l'endroit où se trouve un objet, seul le poids change. – **9** b C'est la loi de gravitation universelle : deux objets A et B s'attirent mutuellement avec une force de même valeur, de même direction et de sens opposé. – **10** a Loi de gravitation universelle : deux objets A et B s'attirent mutuellement avec une force de même valeur.

Les formes d'énergie

FICHE 14

1 Différentes formes d'énergie

• L'énergie est une grandeur qui se conserve et qui existe sous différentes formes.

• Tout ce qui vit, fonctionne et évolue nécessite des transferts d'énergie. Cela implique que dans le monde qui nous entoure, l'énergie se convertit sans cesse d'une forme à une autre.

2 Conversions d'énergie

a. Énergie chimique

• C'est l'énergie libérée par les atomes ou les molécules lors des transformations chimiques.

Exemple : Fonctionnement d'une pile

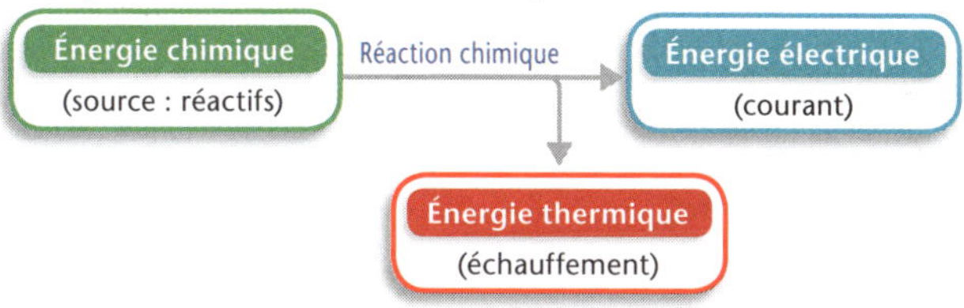

b. Énergie nucléaire

• C'est l'énergie libérée par des réactions nucléaires (au niveau des noyaux des atomes). Ces réactions ont lieu dans les étoiles et les centrales nucléaires.

Exemple : Le Soleil

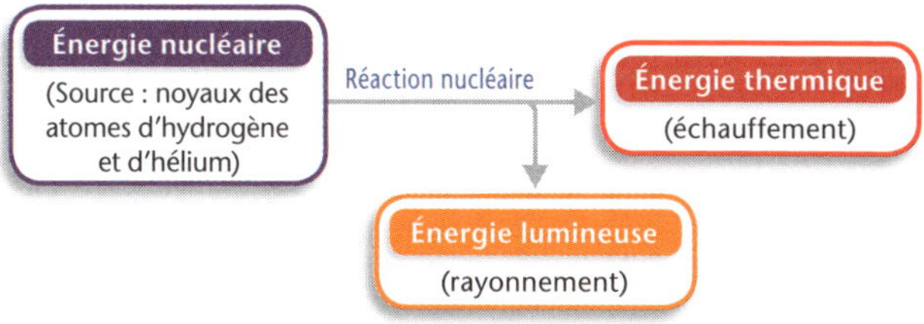

c. Énergie cinétique

• C'est l'énergie due à la vitesse des objets en mouvement.

• L'énergie cinétique (E_c) dépend de la masse et de la vitesse des objets :

$$E_c = \frac{1}{2} \times m \times v^2$$

E_c : énergie cinétique en **joule (J)**
m : masse en kg
v : vitesse en m/s

À retenir

L'unité légale de mesure de l'énergie est le **joule**.
Il existe d'autres unités : la calorie (cal), la tonne d'équivalent pétrole (tep), le kilowatt-heure (kWh)...

Exemple : Calculer l'énergie cinétique d'une balle de tennis de masse m = 57 g servie à la vitesse de 60 m/s.

m = 0,057 kg et v = 60 m/s

$$E_c = \frac{1}{2} \times 0{,}057 \times 60^2$$

E_c = 102,6 J

d. Énergie potentielle

• L'énergie potentielle est liée à l'altitude d'un objet et donc à la possibilité de descendre par gravité. Elle est due à l'attraction terrestre.

Exemple : La centrale hydroélectrique

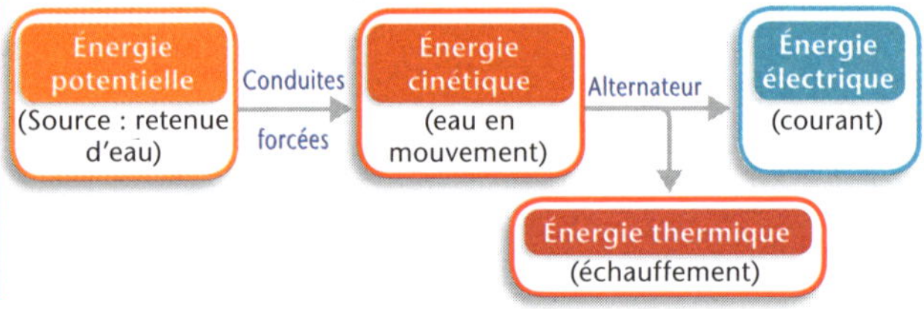

3 Conservation de l'énergie

• Au cours d'une conversion, l'énergie se conserve : la quantité d'énergie sous sa forme initiale est égale à la somme des quantités d'énergie sous leurs formes finales.

4 Bilan énergétique : l'exemple de la pile

Énergie chimique = Énergie électrique + Énergie thermique

• Lors d'une conversion, une partie de l'énergie est convertie dans une forme qui n'est pas toujours utilisable : même si la conservation de l'énergie est respectée, une partie est alors « perdue ».
• L'énergie thermique, libérée lors du fonctionnement d'une pile, n'est pas utilisée.

Intensité et tension

FICHE 15

1 Intensité : I

• Elle se mesure en ampère (A) à l'aide d'un **ampèremètre**.

À retenir

Un ampèremètre se branche toujours en **série**.

a. Intensité dans les circuits en série

• **Loi d'unicité de l'intensité :** dans un circuit en série, la valeur de l'intensité du courant est la même en tout point du circuit, quel que soit l'ordre des dipôles.

b. Intensité dans les circuits en dérivation

• **Loi d'additivité des intensités :** dans un circuit en dérivation, la valeur de l'intensité de la branche principale est égale à la somme des intensités dans les branches dérivées.

À retenir

La branche principale est la branche qui contient le **générateur**.

Exemple : L'intensité de la branche principale se partage dans les branches dérivées :

$$I_1 = I_2 + I_3 = I_4$$

Si $I_2 = 0,2$ A et $I_3 = 0,35$ A, alors :
$I_1 = 0,2 + 0,35$
$I_1 = 0,55 \text{ A} = I_4$

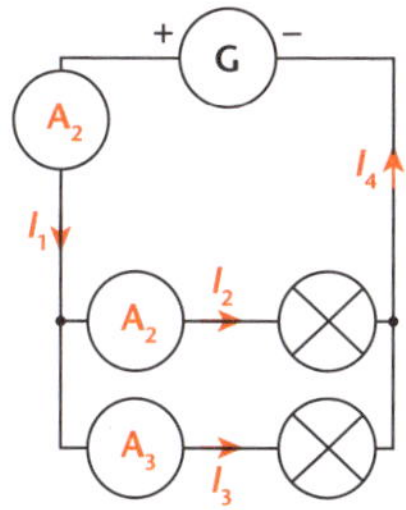

2 Tension : U

• Elle se mesure en volt (V) à l'aide d'un **voltmètre**.

À retenir

Un voltmètre se branche toujours en **dérivation**.

a. Tension dans les circuits en série

• **Loi d'additivité des tensions :** dans un circuit en série, la tension aux bornes du générateur est égale à la somme des tensions aux bornes des autres dipôles.

À retenir

La tension aux bornes d'un interrupteur (K) dépend de son état :
– fermé : $U_K = 0$ V
– ouvert : $U_K = U_G$

Exemple : La tension aux bornes du générateur se partage :

$$U_G = U_{L1} + U_{L2} + U_K$$

Si $U_{L1} = 3$ V et $U_{L2} = 4,5$ V
$U_K = 0$ V (interrupteur fermé), alors :
$U_G = 3 + 4,5 = 7,5$ V

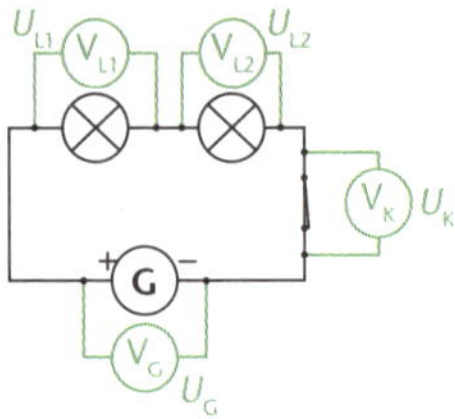

b. Tension dans les circuits en dérivation

- **Loi d'unicité des tensions :** dans un circuit en dérivation, la tension aux bornes des branches en dérivation est égale à la tension aux bornes de la branche principale.

3 Relation tension-intensité : loi d'Ohm

- **Loi d'Ohm :** la tension aux bornes d'une résistance est proportionnelle à l'intensité du courant qui la traverse.

$U = R \times I$

- U : tension en V
- R : résistance en Ω
- I : intensité en A

Exemple : Calculer U.
Données : $R = 75$ Ω et $I = 0,05$ A
$U = 75 \times 0,05 = 3,75$ V

Caractéristique d'une résistance

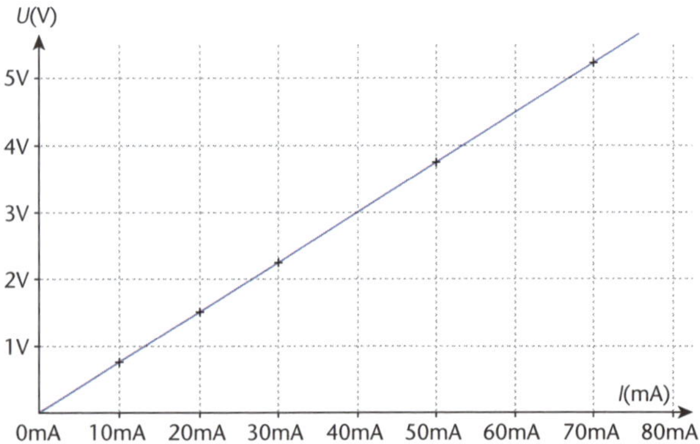

- La **caractéristique** d'une résistance est une **droite passant par l'origine**.

Utiliser les lois d'additivité et d'unicité

Exercice 1

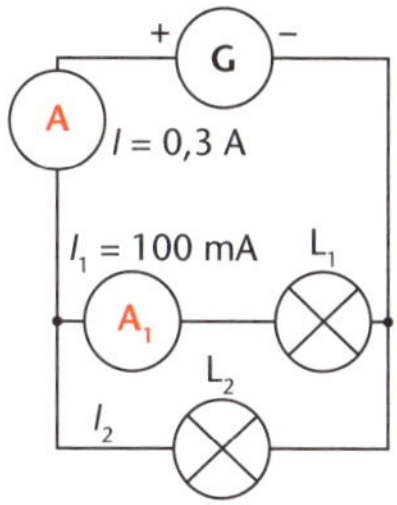

Adrien et Julia ont réalisé le circuit schématisé ci-contre. Ils observent que L_2 brille moins que L_1. Adrien pense que c'est parce que l'intensité I_2 est plus faible que I_1. Pour vérifier son hypothèse, il propose de brancher un ampèremètre dans la branche contenant L_2.

D'après Julia, ce n'est pas nécessaire pour connaître la valeur de I_2.

1. De quel type de circuit s'agit-il ?

2. Expliquez comment Julia peut déterminer la valeur de l'intensité traversant L_2 sans utiliser d'ampèremètre.

3. Calculez cette intensité.

Avant de commencer

- Différencier **circuit en dérivation** et **circuit en série.**
- Connaître la **loi d'additivité des intensités.**
- Savoir **convertir** des unités de mesures.

Déterminez s'il s'agit d'un circuit en série ou en dérivation.

Le circuit est constitué de plusieurs branches : c'est un circuit en dérivation.

Appliquez la loi d'additivité des intensités à ce circuit.

$I = I_1 + I_2$

$I - I_1 = I_1 - I_1 + I_2$

On en déduit : $I_2 = I - I_1$

Julia peut ainsi déterminer la valeur de l'intensité I_2.

Exprimez toutes les intensités dans la même unité et remplacez-les par leurs valeurs.

I_1 = 100 mA, donc I_1 = 0,1 A
I_2 = 0,3 – 0,1 = 0,2 A

Exercice 2

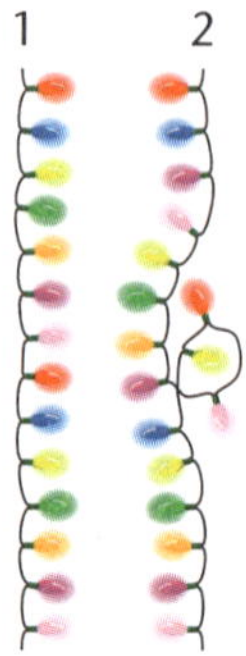

Nadia a acheté une guirlande pour décorer son sapin de Noël.
Cette guirlande est alimentée par le secteur (220 V) et constituée de deux groupes de 16 lampes identiques branchées en dérivation.
Déterminez sous quelle tension fonctionne chaque lampe.

Avant de commencer

- Différencier **circuit en dérivation** et **circuit en série.**
- Connaître les **lois d'unicité** et **d'additivité des tensions.**

Déterminez la valeur de la tension aux bornes des branches dérivées.

Chaque groupe de lampes est branché en dérivation.
On applique la loi d'unicité des tensions.
$U_{\text{secteur}} = U_{\text{branche 1}} = U_{\text{branche 2}} = 220$ V

Déterminez la valeur de la tension aux bornes de chaque lampe.

Dans une même branche, les lampes sont branchées en série.
On applique la loi d'additivité des tensions dans chaque branche : la somme des tensions aux bornes des 16 lampes est égale à 220 V. Chaque lampe étant identique, on a :
$16 \times U_L = 220$
On en déduit : $U_L = \frac{220}{16} = 13{,}75$ V

Puissance et énergie électrique

FICHE 17

1 Puissance

a. Généralités

- La puissance est la quantité d'énergie échangée en 1 seconde.
- Elle se note **P** et s'exprime en **watt (W)**.

Exemples :

Lampe basse consommation	Réfrigérateur	Voiture	Réacteur nucléaire du Blayais
P = 15 W	P = 200 W	P = 80 kW	P = 910 MW (mégawatt)

b. Relation mathématique

- La puissance **P** reçue par un appareil électrique est égale au produit de la tension **U** entre ses bornes par l'intensité **I** du courant qui le traverse.

$$P = U \times I$$

- P : puissance en W
- U : tension entre ses bornes en V
- I : intensité du courant en A

Exemple : Puissance d'une lampe soumise à 230 V et traversée par une intensité de 260 mA.
U = 230 V et I = 0,260 A
P = 230 x 0,260 = 59,8 W

2 Sécurité électrique

- Si une installation comporte plusieurs appareils électriques, alors la puissance électrique totale consommée est égale à la somme des puissances consommées par chaque appareil.

Exemple : Dans une maison, on utilise en même temps un fer à repasser (300 W), un lave-linge (2 500 W) et un téléviseur (150 W).
La puissance électrique totale consommée est :
P = 300 + 2 500 + 150 = 2 950 W

- Une mauvaise utilisation de l'installation électrique peut entraîner une **surintensité**. Cela provoque un échauffement du circuit pouvant aller jusqu'à l'incendie.
- Il existe deux causes principales de surintensité :
  - trop d'appareils branchés sur une multiprise ;
  - deux fils (fils de phase et de neutre) entrant en contact accidentel : court-circuit.

À retenir

Plus la puissance totale des appareils branchés sur une même prise est grande, plus la valeur de l'intensité est importante.

- Les **coupe-circuits** protègent l'installation électrique et le matériel en ouvrant le circuit quand l'intensité dépasse la valeur maximale admissible par l'installation.
- En cas d'électrisation d'un utilisateur, le **disjoncteur différentiel** détecte le courant de fuite qui traverse la victime et coupe le circuit électrique.

3 Énergie électrique

- L'énergie se note E. Son unité légale est le **joule (J)**.

a. Relation mathématique

- L'énergie électrique E consommée par un appareil de puissance P pendant une durée t est donnée par la relation :

$$E = P \times t \quad \begin{cases} E : \text{énergie en J} \\ P : \text{puissance en W} \\ t : \text{temps en s} \end{cases} \quad \text{ou} \quad \begin{cases} E : \text{énergie en kWh} \\ P : \text{puissance en kW} \\ t : \text{temps en h} \end{cases}$$

b. Consommation d'énergie électrique

- Pour l'énergie électrique, l'unité usuelle est le **kilowatt-heure (kWh)**.
- 1 kWh correspond à l'énergie consommée par un appareil de puissance 1 kW pendant 1 h :
1 kWh = 1 000 W x 3 600 s = 3 600 000 J = $3{,}6 \times 10^6$ J

Exemple : Un sèche-serviette de puissance 900 W est programmé pour fonctionner 6 h par jour. 1 kWh est facturé 0,15 €.
En une journée, l'appareil consomme une énergie E :
$E = 0{,}9 \times 6 = 5{,}4$ kWh
Son coût d'utilisation est donc de :
$5{,}4 \times 0{,}15 = 0{,}81$ € par jour.

Calculer une puissance, une énergie, une durée

Exercice 1

Pour préparer les petits déjeuners des pensionnaires de sa chambre d'hôtes, la maîtresse de maison dispose d'une bouilloire (2 200 W), d'un grille-pain (1 250 W), d'une cafetière (900 W) et d'un presse-agrumes (250 W). L'établissement est alimenté par une tension de 230 V.

1. Sachant que sur le tableau électrique le coupe-circuit commandant la prise limite l'intensité à 16 A, peut-elle brancher tous les appareils sur cette prise au moyen d'une multiprise ?
2. Une seule prise est disponible. Quel(s) appareil(s) peut-elle débrancher pour pouvoir utiliser l'installation en toute sécurité ?

Avant de commencer

▶ Connaître la **relation mathématique** liant puissance, tension et intensité.

Calculez la puissance totale des appareils.

2 200 + 1 250 + 900 + 250 = 4 600 W

Calculez la puissance maximale autorisée par l'installation avec la relation $P = U \times I$

P = 230 x 16 = 3 680 W

Comparez les deux valeurs.

Comme 4 600 > 3 680, elle ne peut donc pas brancher tous les appareils sur la même multiprise.
Elle peut débrancher la bouilloire (4 600 – 2 200 = 2 400 W) ou le grille-pain (4 600 – 1 250 = 3 350 W) ou la cafetière et le presse-agrumes (4 600 – 900 – 250 = 3 450 W).

Débrancher la cafetière ou le presse-agrumes seuls ne permettent pas d'utiliser l'installation en toute sécurité.

Exercice 2

On dispose d'un téléviseur dont l'étiquette, où figure la puissance de l'appareil, s'est décollée. On souhaite retrouver cette puissance, sachant que l'on ne dispose que du compteur électrique et d'une montre. Proposez une méthode permettant de déterminer la puissance en watt du téléviseur.

Avant de commencer

- Connaître la **relation mathématique** liant énergie, puissance et temps.
- Savoir **exploiter une relation mathématique**.

Le compteur électrique indique l'énergie consommée en kWh. Si on fait fonctionner l'appareil pendant une heure, on pourra en déduire sa puissance en kW, puis en W.

– Relever la valeur initiale affichée sur le compteur électrique.
– S'assurer qu'**aucun autre appareil électrique** n'est en fonctionnement dans la maison.
– Mettre le téléviseur en marche en notant l'heure exacte.
– Arrêter l'appareil au bout d'une heure.
– Noter la valeur finale affichée par le compteur électrique et faire la différence avec la valeur initiale : le résultat est l'énergie consommée en une heure.

→ **Transformez la relation : $E = P \times t$.**

On divise les deux membres par t : $\frac{E}{t} = \frac{P \times t}{t}$

En simplifiant le membre de droite par t, on obtient : $P = \frac{E}{t}$

Comme $t = 1$ h, $P = \frac{E}{t} = E$

– Convertir la puissance en kW en W et rédiger la réponse.

Énergie et conversions

MÉMO

THÈMES clés

Les formes d'énergie : fiche 14
Intensité et tension : fiche 15
Puissance et énergie électrique : fiche 17

FORMULES clés

$E_c = \frac{1}{2} \times m \times v^2$ — E_c en J ; m en kg ; v en m/s

$U = R \times I$ — U en V ; R en Ω ; I en A

$P = U \times I$ — P en W ; U en V ; I en A

$E = P \times t$ — E en J ; P en W ; t en s

NOTIONS clés

Bilan énergétique : au cours d'un transfert ou d'une conversion, les quantités d'énergie restent les mêmes.

Énergie : l'énergie existe sous différentes formes. Elle est transférée ou se convertit sans cesse.

Intensité et tension : les valeurs de ces grandeurs dépendent du type de circuit électrique et de sa composition.

Loi d'ohm : la tension aux bornes d'une résistance est proportionnelle à l'intensité.

Puissance : la puissance est la quantité d'énergie échangée en une seconde.

SCHÉMAS-BILANS

Lois de l'intensité et de la tension

Circuit en série

- **INTENSITÉ : Loi d'unicité**
  La valeur de l'intensité est la même dans tout le circuit.
- **TENSION : Loi d'additivité**
  La somme des tensions aux bornes des dipôles est égale à celle du générateur.

Circuit en dérivation

- **INTENSITÉ : Loi d'additivité**
  La somme des intensités dans les branches dérivées est égale à celle de la branche principale.
- **TENSION : Loi d'unicité**
  La tension aux bornes des branches dérivées est égale à celle de la branche principale.

Conservation de l'énergie

Énergie fournie par la source → Convertisseur → **Énergie réutilisable**

Convertisseur → **Énergie « perdue »**

Énergie de la source = **Énergie utilisable** + **Énergie « perdue »**

Quiz-bilan

→ *Réponses au verso.*

1 L'énergie cinétique d'un objet dépend :

a. ☐ de sa masse et de son altitude.
b. ☐ de sa masse et de sa vitesse.
c. ☐ de sa vitesse et de son altitude.

2 La quantité d'énergie se mesure en :

a. ☐ joule. b. ☐ watt. c. ☐ kilowatt-heure.

3 L'appareil de mesure de l'intensité est un :

a. ☐ ampèremètre. b. ☐ voltmètre. c. ☐ chronomètre.

4 Dans un circuit en série, les tensions obéissent à :

a. ☐ la loi d'additivité.
b. ☐ la loi d'unicité.
c. ☐ la loi d'ohm.

5 Lorsqu'on ajoute un dipôle en dérivation, l'intensité de la branche principale :

a. ☐ augmente. b. ☐ reste la même. c. ☐ diminue.

6 Une résistance de valeur 2 kΩ est traversée par une intensité de 0,01 A. La valeur de la tension entre ses bornes est :

a. ☐ 0,02 V. b. ☐ 0,005 V. c. ☐ 20 V.

7 Dans un circuit en série, un générateur réglé sur 9 V alimente une lampe (tension entre ses bornes égale à 5 V) et un moteur. La tension aux bornes du moteur vaut :

a. ☐ 14 V. b. ☐ 4 V. c. ☐ 9 V.

8 La relation mathématique liant puissance, tension et intensité est :

a. ▢ $P = U \times I$ b. ▢ $U = P \times I$ c. ▢ $I = P \times U$

9 1 kWh correspond à l'énergie consommée par un appareil :

a. ▢ de puissance 1 kW pendant 1 h.
b. ▢ de puissance 2 000 W pendant 30 min.
c. ▢ de puissance 1 W pendant 1 h.

10 L'énergie nucléaire a pour source :

a. ▢ les molécules.
b. ▢ le pétrole.
c. ▢ les noyaux des atomes.

11 Sur un périphérique, une voiture roule à 60 km/h. Arrivée sur une autoroute, sa vitesse est de 120 km/h. L'énergie cinétique de la voiture sur l'autoroute est :

a. ▢ 2 fois plus grande que sur le périphérique.
b. ▢ 4 fois plus grande que sur le périphérique.
c. ▢ la même que sur le le périphérique.

Réponses :

1 b $E_c = \frac{1}{2} \times m \times v^2$ – **2 a** et **c** L'unité légale de mesure de l'énergie est le joule. Il existe d'autres unités utilisées : la calorie (cal), la tonne d'équivalent pétrole (tep), le kilowatt-heure (kWh). Le watt est une unité de puissance. – **3 a** L'intensité se mesure avec un ampèremètre. – **4 a** Dans un circuit en série, la tension aux bornes du générateur est égale à la somme des tensions aux bornes des autres dipôles. – **5 a** Loi d'additivité des intensités. – **6 c** $U = R \times I = 2\,000 \times 0{,}01$ – **7 b** Loi d'additivité des tensions $U_{générateur} = U_{lampe} + U_{moteur}$ – **8 a** La puissance est égale au produit de la tension par l'intensité. – **9 a** et **b** $E = P \times t$. 30 min = 0,5 h et 2 000 W = 2 kW – **10 c** C'est l'énergie libérée par des réactions nucléaires au niveau des noyaux des atomes. – **11 b** $E_c = \frac{1}{2} \times m \times v^2$ si la vitesse est multipliée par 2 alors l'énergie cinétique est multipliée par 2^2.

Les signaux lumineux et les signaux sonores

FICHE 21

1 Les signaux sonores

a. Conditions de propagation

- Les signaux sonores se propagent **dans la matière** (gaz, liquide ou solide) et en aucun cas dans le vide.
- Un signal sonore est caractérisé par sa **fréquence** (en hertz, **Hz**) et son **intensité** (en décibel, **dB**).

- Le seuil d'audibilité d'un son est fixé à 0 dB. À partir d'une intensité de **90 dB**, le son devient **dangereux**.

b. Vitesse de propagation

- La **vitesse** de propagation du son **dépend du milieu** qu'il traverse : dans l'air, il se propage à 340 m/s, alors que dans l'eau sa vitesse est de 1 500 m/s et 5 000 m/s dans l'acier.
- On détermine la vitesse du son à l'aide de la relation mathématique :

$$v = \frac{d}{t} \quad \begin{cases} v : \text{vitesse en m/s} \\ d : \text{distance parcourue en m} \\ t : \text{temps parcouru en s} \end{cases}$$

Exemple : Le sonar est un dispositif utilisé par les pêcheurs pour déterminer la distance à laquelle se trouvent les bancs de poissons. Ils utilisent la vitesse de propagation des ultrasons dans l'eau (v = 1 500 m/s) et le temps mis par le signal envoyé pour faire un aller-retour.
$d = v \times t$
Si le temps mesuré est de 0,2 s, alors :
$d = 1\,500 \times 0{,}2 = 300$ m
La distance parcourue (aller-retour) est de 300 m, les poissons se trouvent donc à la moitié de cette distance, soit 150 m.

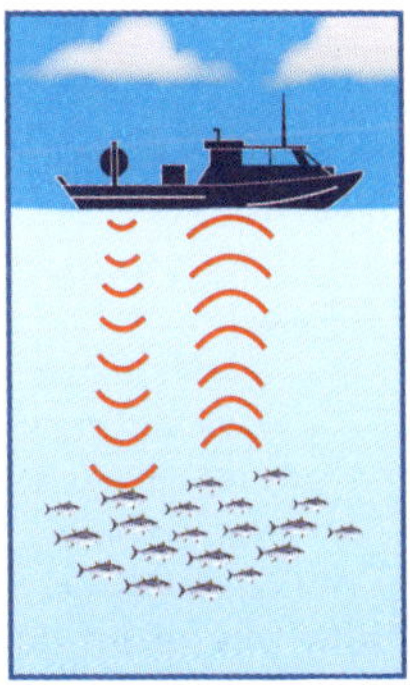

2 Les signaux lumineux

a. Les sources lumineuses

Il existe deux types de source de lumière :

- **les sources primaires**, qui **produisent** la lumière émise ;
- **les objets diffusants**, qui **renvoient** une partie de **la lumière** émise par une source primaire.

b. Conditions de propagation

- Contrairement au son, **la lumière se propage dans le vide mais aussi dans les milieux transparents** (les gaz, la plupart des liquides et certains solides).
- Dans un **milieu homogène et transparent**, la lumière **se propage en ligne droite** de la source vers l'objet éclairé.
- On modélise ce trajet par un **rayon lumineux**.
- Il existe différents types de rayonnements :

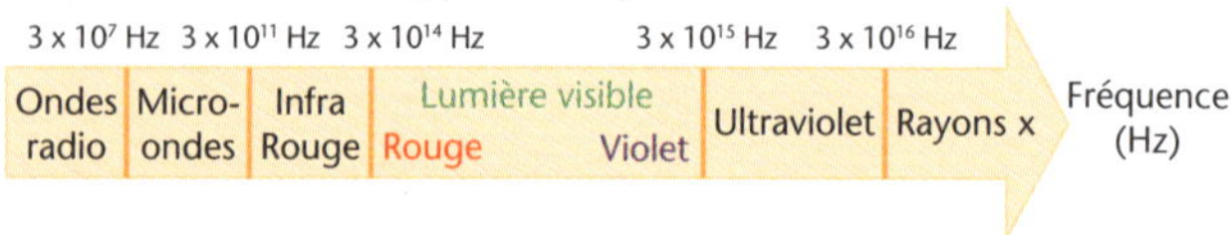

c. Vitesse de propagation

À retenir

La vitesse de propagation de la lumière est très supérieure à celle du son.

- La vitesse de propagation de la lumière **dans le vide** est de **3×10^8 m/s**.
- Cette vitesse **dépend du milieu** que le signal lumineux traverse.

Exemple : Pour calculer la distance Terre-Lune, on envoie un faisceau laser sur un miroir placé sur la Lune. Le faisceau effectue l'aller-retour en 2,56 s.

$d = v \times t$

$d = 3 \times 10^8 \times 2{,}56 = 7{,}68 \times 10^8$ m

La distance Terre-Lune est égale à la moitié de la distance parcourue par le faisceau :

$$d_{Terre\text{-}Lune} \quad \frac{7{,}68 \times 10^8}{2} = 3{,}84 \times 10^8 \text{ m}$$

Quiz-bilan

→ *Réponses au verso.*

1 Un signal sonore se propage :

a. ☐ dans l'air, les liquides et les solides.
b. ☐ dans le vide uniquement.
c. ☐ dans l'air uniquement.

2 Un diapason produit un *la* de fréquence 440 Hz. Un *ré* à 587 Hz est :

a. ☐ plus grave. b. ☐ plus fort. c. ☐ plus aigu.

3 Pendant un concert, l'intensité sonore mesurée est de 105 dB. Le son est-il alors dangereux ?

a. ☐ Non. b. ☐ Ce n'est pas l'intensité qui compte mais la fréquence. c. ☐ Oui.

4 Lors d'un orage, on entend le tonnerre 3 secondes après avoir vu l'éclair. Sachant que la vitesse du son dans l'air est de 340 m/s, l'orage se situe à :

a. ☐ 113 m. b. ☐ 1 020 m. c. ☐ 3,40 km.

5 La vitesse du son est plus grande dans :

a. ☐ l'eau. b. ☐ l'air. c. ☐ l'acier.

6 Par rapport à un signal sonore, un signal lumineux se déplace :

a. ☐ plus vite. b. ☐ moins vite. c. ☐ à la même vitesse.

7 La lumière se propage :

a. ☐ dans les milieux opaques. b. ☐ dans le vide.
c. ☐ dans les milieux transparents.

8 **Un four à micro-ondes émet un rayonnement dont la fréquence est :**

a. ☐ plus faible que celle de la lumière visible.

b. ☐ plus grande que celle de la lumière visible.

c. ☐ celle de la lumière visible.

9 **Peut-on entendre un réveil sonner dans l'espace ?**

a. ☐ Oui. b. ☐ Non.

c. ☐ Cela dépend de la distance à laquelle on se trouve.

10 **La lumière émise par le Soleil met 8 min 20 s à parvenir sur Terre. Sachant que la vitesse de la lumière dans le vide est de 3×10^8 m/s, le Soleil se situe à :**

a. ☐ $1{,}5 \times 10^{11}$ m. b. ☐ $2{,}46 \times 10^9$ m. c. ☐ 150 millions de km.

11 **La valeur de l'année-lumière en mètres est :**

a. ☐ $1{,}09 \times 10^{11}$ m. b. ☐ 3×10^8 m. c. ☐ $9{,}46 \times 10^{15}$ m.

12 **La galaxie d'Andromède se situe à 2,5 millions d'années-lumière. Cela signifie :**

a. ☐ que nous la voyons telle qu'elle était il y a 2,5 millions d'années.

b. ☐ qu'elle est 2,5 millions de fois plus éloignée que le Soleil.

c. ☐ que la lumière que nous recevons a été émise par cette galaxie il y a 2,5 millions d'années.

Réponses :

1 a Les signaux sonores se propagent seulement dans la matière. – **2** c Lorsque la fréquence augmente, le son est plus aigu. – **3** c À partir de 90 dB, le son devient dangereux et peut provoquer des lésions. – **4** b $d = v \times t$ donc $d = 340 \times 3$ – **5** c. La vitesse du son dépend du milieu traversé. – **6** a La vitesse de la lumière est bien supérieure à celle du son (3×10^8 m/s). – **7** b et c La lumière se propage dans tous les milieux transparents dont le vide. – **8** a La zone de fréquence des micro-ondes (3×10^7 Hz à 3×10^{11} Hz) est inférieure à celle de la lumière visible (3×10^{14} Hz à 3×10^{15} Hz). – **9** b L'espace est majoritairement constitué de vide, le son ne se propage pas. – **10** a et c $d = v \times t$ avec $t = (8 \times 60) + 20 = 500$ s donc $d = 3 \times 10^8 \times 500 = 1{,}5 \times 10^{11}$ m soit $1{,}5 \times 10^8$ km. – **11** c $d = v \times t$ avec $v = 3 \times 10^8$ m/s et $t = 365{,}25 \times 24 \times 3\,600 = 3{,}155 \times 10^7$ s. – **12** a et c. Le temps de parcours de la lumière provenant de cette galaxie est de 2,5 millions d'années. Nous recevons donc la lumière émise il y a 2,5 millions d'années. Le Soleil appartient au système solaire, il est donc beaucoup plus proche.

La Terre dans le système solaire

FICHE 23

1 Le système solaire

a. Les objets du système solaire

- Le système solaire est constitué d'une étoile (le **Soleil**) autour de laquelle gravitent les **8 planètes** et leurs satellites (comme la Lune), des **astéroïdes** et des **comètes**.

b. Planètes telluriques et planètes gazeuses

- La **Terre**, comme Mercure, Vénus et Mars, est une **planète tellurique rocheuse**.
- Jupiter, Saturne, Uranus et Neptune sont des **planètes gazeuses**.
- La Terre, ou **globe terrestre**, est une **sphère qui tourne sur elle-même** autour d'un axe incliné par rapport à la verticale et qui passe par les **2 pôles**.

À retenir

La Terre est la 3e planète en partant du Soleil. Sa distance au Soleil, sa masse et sa densité lui permettent d'avoir une **atmosphère** épaisse, de **l'eau liquide** et une **température** au sol d'environ + 15 °C compatibles avec la vie.

2 Les manifestations de la dynamique interne de la Terre

a. Les séismes

- Les **séismes**, vibrations violentes du sol, résultent d'une **rupture brutale des roches** en profondeur le long d'une **faille**, ce qui provoque des **déformations** à la surface de la Terre.
- Cette rupture est la conséquence de **contraintes** qui s'exercent en permanence sur les roches et qui conduisent à une accumulation d'**énergie**. Après rupture, les **ondes sismiques** se propagent à partir du **foyer**.
- L'**épicentre** est le lieu à la surface qui reçoit en premier les ondes sismiques.

b. Le volcanisme

• Le volcanisme, remontée en surface de magma, se manifeste par deux grands types d'éruptions :
- les **éruptions effusives**, qui se traduisent par des émissions de **gaz** et des coulées de **lave fluide**,
- les **éruptions explosives**, qui engendrent des projections de **cendres** accompagnées de **nuées ardentes**, mélanges de lave visqueuse et de gaz brûlants.

• La lave refroidit et donne naissance à des **roches volcaniques** qui, en s'accumulant, constituent **l'édifice volcanique**.

• C'est le type de magma, mélange de gaz et de roches fondues plus ou moins **visqueux**, situé dans des **réservoirs magmatiques** sous le volcan, qui est à l'origine des deux types d'éruption.

3 La tectonique des plaques

a. Les plaques lithosphériques

• La répartition des séismes et du volcanisme permet de découper la surface du globe en une douzaine de **plaques lithosphériques** rigides et cassantes qui reposent sur **l'asthénosphère** plus déformable.

b. Le mouvement des plaques lithosphériques

• Dans l'axe des **dorsales océaniques**, les plaques s'écartent et s'agrandissent.

• Au niveau des **fosses océaniques**, les plaques se rapprochent et disparaissent. La lithosphère océanique plonge sous la lithosphère continentale dans l'asthénosphère : c'est la **subduction**.

• Le rapprochement de deux plaques continentales aboutit à la **collision** des continents, à la **déformation** des roches et à la formation des **chaînes de montagnes**.

À retenir

La **tectonique des plaques** est un modèle scientifique expliquant la dynamique globale de la lithosphère terrestre.

Phénomènes météorologiques et climatologiques

FICHE 24

1 Les phénomènes météorologiques

a. Définition

- La **météorologie** est une science qui prévoit le **temps** qu'il va faire dans les jours à venir en un lieu donné.

- Elle étudie les **phénomènes atmosphériques**, tels que les nuages, les précipitations ou le vent et mesure la **pression**, la **température** et l'**humidité**.

b. Dynamique des masses d'air et des masses d'eau

- Les **vents** sont globalement provoqués par un réchauffement inégalement réparti à la surface de la planète, provenant du **rayonnement solaire**, et par la **rotation** de la planète. Ils sont définis par leur **vitesse** et leur **direction**.

- Les **courants océaniques** superficiels sont surtout mis en mouvement par les **vents** et la **rotation** de la Terre.

2 Les phénomènes climatologiques

a. Définition

- La **climatologie** est une science qui s'intéresse aux phénomènes météorologiques dans une zone donnée sur des périodes supérieures à **30 ans**.

b. Les grandes zones climatiques

- Les **zones climatiques** sont définies par leurs températures et leurs précipitations. Elles sont influencées par les vents et les courants océaniques.

c. Influence du climat sur les êtres vivants

- La **biodiversité** dépend de la diversité des climats dont les modifications peuvent avoir des conséquences significatives.

- Par ailleurs, les **rayons UV du Soleil** peuvent modifier l'expression du **programme génétique** d'un être vivant.

3 Les changements climatiques

a. Au cours des temps géologiques

- Depuis la création de la Terre il y a 4,6 milliards d'années, le climat n'a jamais été stable. Des **périodes glaciaires** (plus froides) alternent avec des **périodes interglaciaires** (plus chaudes) tous les 100 000 ans environ.

b. Dus aux activités humaines

À retenir

L'effet de serre naturel est indispensable à la vie sur Terre car sans cela, la température de la surface serait en moyenne de -18 °C au lieu de 15 °C. Ce qui est dangereux pour la Terre, c'est l'**accroissement rapide et excessif** de l'effet de serre.

- La **température** à la surface de la Terre dépend du **rayonnement solaire** et de la chaleur retenue par l'atmosphère grâce aux **gaz à effet de serre** (H_2O, CO_2 et CH_4).
- Depuis la révolution industrielle, la consommation croissante de **combustibles fossiles** libère beaucoup de **CO_2** dans l'atmosphère.
- La concentration en CO_2 est ainsi passée de 0,028 % en 1850 à 0,04 % aujourd'hui, soit une augmentation de près de 40 %. La conséquence est une **hausse** de 1 °C de la température.

L'importance de l'effet de serre sur la température à la surface de la Terre

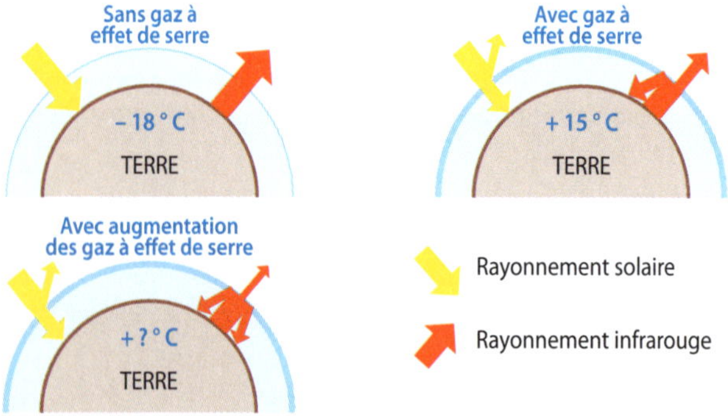

Phénomènes naturels et responsabilité humaine

FICHE 25

1 Les risques naturels

a. Liés à l'activité externe de la Terre

• Les **cyclones**, phénomènes des régions tropicales, se caractérisent par des **pluies diluviennes** et des **vents très violents**. Le débordement d'une rivière en dehors de son lit (la crue), en cas de **précipitations exceptionnelles**, peut provoquer des **inondations** des terrains avoisinants et des zones urbaines.

b. Liés à l'activité interne de la Terre

• Les **aléas sismiques et volcaniques** représentent la probabilité que des séismes et des éruptions volcaniques surviennent en un lieu donné. Les principales **zones à risques** sismiques et volcaniques sont bien identifiées à la surface de la planète.

À retenir

Un risque naturel implique l'**exposition des populations et de leurs infrastructures** à un évènement catastrophique d'origine naturelle.
C'est la rencontre entre un **aléa** d'origine naturelle et des **enjeux** humains, économiques ou environnementaux.

2 L'impact des activités humaines

a. L'urbanisation

• Le **développement économique** (activités, voiries, remembrement agricole, déforestation…) constitue l'un des principaux facteurs aggravant les risques naturels. Cela modifie les conditions d'écoulement des eaux (imperméabilisation et ruissellement) et **favorise les inondations**.

b. Les rejets de gaz à effet de serre

• L'augmentation des rejets de gaz à effet de serre liée aux activités humaines entraîne un réchauffement rapide et une hausse de la **fréquence** et de l'**intensité** des **phénomènes climatiques extrêmes** (cyclones, inondations).

c. La pollution de l'air, des sols et des eaux

- Les industries, les moyens de transport, les activités agricoles et domestiques rejettent dans l'air des **gaz polluants**, et, dans les sols et les eaux, des **substances toxiques**, sources de pollution à l'origine de nombreuses maladies, voire de cancers.

3 Les mesures de prévention et d'atténuation

a. L'aménagement du territoire

Pour prévenir les inondations et limiter leurs conséquences, l'Homme aménage son territoire.

- Il évite l'érosion des digues et des sols et exécute des **travaux de drainage**.
- Il établit des **réglementations** pour le rejet de substances polluantes et des **normes de potabilité** des eaux.
- Il développe une agriculture et une industrie plus soucieuses de l'**environnement** et de la santé publique.

b. Le plan de prévention des risques (PPR)

- Le PPR consiste à prévoir les phénomènes géologiques grâce à leur **surveillance** (efficace pour les éruptions volcaniques mais très difficile pour les séismes) et à imposer un **plan d'aménagement du territoire** et des **normes de construction** dans les zones à risques (constructions parasismiques).

c. L'éducation des populations des zones à risques

- Les populations des zones à risques doivent être informées des **conduites à tenir** pendant et après une catastrophe naturelle, mais aussi des **plans de secours** et des **plans d'évacuation** afin de limiter les conséquences.

Sources d'énergie naturelles, biodiversité et activités humaines

FICHE 26

1 L'exploitation des sources d'énergie naturelles

a. Les énergies fossiles non renouvelables

• **Pétrole, charbon et gaz naturel** se sont formés pendant des **dizaines de millions d'années** à partir de restes de matières organiques fossilisés dans des milieux pauvres en dioxygène.

• Lors de leur combustion, ces énergies fossiles dégagent un **gaz à effet de serre**, le CO_2, qui est responsable du **réchauffement climatique** que l'on observe actuellement.

• Ces ressources seront épuisées dans les décennies à venir.

b. Les énergies renouvelables

• Pour répondre à la pénurie prévisible des énergies fossiles, l'**énergie éolienne** (vent), **solaire** (panneaux solaires), **hydroélectrique** (barrages) et les **biocarburants** (bioéthanol) se développent.

• Même si leur impact sur l'environnement est plus faible, ces énergies ne sont pas sans effets.

À retenir

Une **énergie non renouvelable** est une source d'énergie qui se renouvelle très lentement et de manière négligeable à l'échelle humaine.
Une **énergie renouvelable** est une source d'énergie dont le renouvellement naturel est assez rapide pour qu'elle puisse être considérée comme inépuisable à l'échelle humaine.

2 L'impact des activités humaines sur la biodiversité

a. Modification des écosystèmes

• L'Homme, dont la population et les besoins alimentaires ne cessent d'augmenter, détruit les écosystèmes naturels au profit de **terres cultivées**. La recherche de rendements agricoles toujours plus élevés nécessite l'utilisation de **pesticides** et d'**engrais**, polluants pour les sols et les eaux.

b. Perturbation de l'équilibre des espèces

À retenir

La **biodiversité** représente à la fois la diversité des **écosystèmes**, des **espèces** qui y vivent et la **diversité génétique** des individus de l'espèce.

- L'**agriculture intensive**, la **pêche** et la **chasse** entraînent la disparition de nombreuses espèces et variétés.
- L'introduction volontaire de **nouvelles espèces** peut perturber l'équilibre des espèces au sein de l'écosystème.

3 Les mesures de sauvegarde de la biodiversité

- **L'agriculture biologique** préserve les sols, l'équilibre des espèces et favorise la lutte raisonnée contre les ravageurs et les parasites.
- Les **parcs nationaux** et les **réserves naturelles** permettent la conservation de la faune et de la flore, du sol et du sous-sol, de l'air et des eaux.
- Manger un kilogramme de viande a un plus fort impact sur l'environnement que manger un kilogramme de légumes. Par **nos choix alimentaires**, nous pouvons participer à la sauvegarde de la biodiversité.

L'impact des activités humaines sur la biodiversité

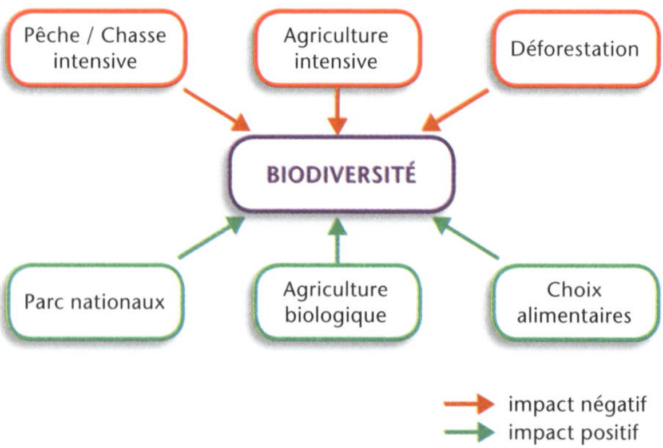

Exercice commenté pas à pas

Rédiger un texte explicatif

Utilisez les documents fournis et vos connaissances afin de montrer que le développement des véhicules propres permet à la France de réduire ses émissions de gaz à effet de serre.

Doc. 1 : Part des différents secteurs dans la consommation totale d'énergie en 2015

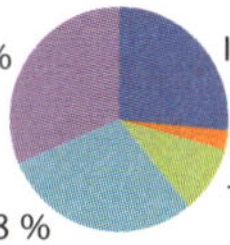

Doc. 2 : Source d'énergie utilisée par les transports

Le pétrole fournit aujourd'hui 98 % du carburant des transports. C'est une énergie émettrice de polluants dans l'air et de gaz à effet de serre.

Doc. 3 : Les voitures propres

Les voitures propres sont :
– les voitures hybrides à moteur à essence (ou diesel) et à électricité
– les voitures électriques

Doc. 4 : Nombre de voitures neuves propres

Type de voiture \ Année	2010	2011	2012	2013	2014	2015
Voiture électrique	0	500	700	1 000	1 300	2 000
Voiture hybride	700	1 200	2 500	4 000	3 500	5 500

Doc. 5 : Émissions moyennes de CO_2 des voitures particulières neuves en g/km

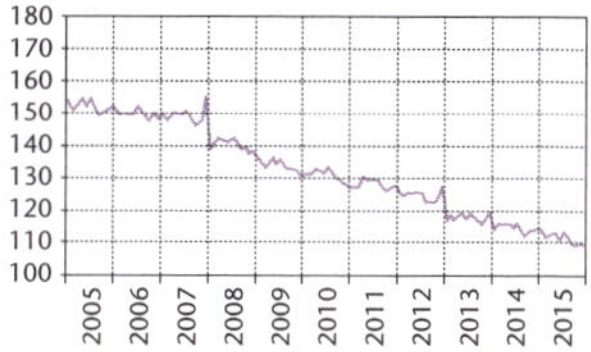

Avant de commencer

- Lire la consigne et **les titres** des documents
- Réfléchir aux **connaissances à mobiliser**
- Préparer la rédaction du texte explicatif au **brouillon**

Sélectionnez les informations utiles et écrivez-les au brouillon.

Les transports représentent 30 % de la consommation énergétique totale (doc. 1). La source d'énergie utilisée par les transports est à 98 % le pétrole qui dégage des gaz à effet de serre (doc. 2). Les voitures propres utilisent l'électricité seule ou en complément (doc. 3). Le nombre de véhicules propres neufs vendus de 2010 à 2015 passe de 700 à 5 500 pour les véhicules hybrides et de 0 à 2 000 pour les voitures électriques (doc. 4). Les émissions moyennes de CO_2 des voitures particulières neuves diminuent de 155 à 110 g/km de 2005 à 2015 (doc. 5).

Listez les connaissances à mobiliser.

Le CO_2 est un gaz à effet de serre.

Rédigez au brouillon l'introduction et la conclusion.

L'introduction annonce le sujet abordé et précise le problème posé. La conclusion résume les informations apportées.

Corrigé :

Les émissions de gaz à effet de serre sont responsables du réchauffement terrestre. La France s'est engagée à réduire ses émissions. Nous étudierons d'abord l'origine de ces gaz puis nous verrons en quoi le développement des véhicules propres peut participer à leur réduction.

Les transports représentent 30 % de la consommation totale de l'énergie de la France (doc. 1). C'est le pétrole qui fournit 98 % du carburant des transports. Or, la consommation de pétrole dégage des gaz à effet de serre, essentiellement du CO_2 (doc. 2). Les véhicules propres (hybrides et électriques) utilisent l'électricité (doc. 3). L'augmentation de vente en 5 ans des véhicules hybrides (+ 5 500) et électriques (+ 2 000) (doc. 4) peut être corrélée avec la baisse de l'émission de CO_2 (-45 g/km) des véhicules neufs de particuliers (doc. 5). Donc en réduisant la part du pétrole comme carburant des voitures, on peut diminuer les émissions de CO_2.

Grâce au développement des véhicules propres utilisant moins ou pas de pétrole, les émissions de CO_2 ont diminué en France.

BILAN

La planète Terre, l'environnement et l'action humaine

FICHE 28

MÉMO

THÈMES clés

- La Terre dans le système solaire : fiche 23
- Phénomènes météorologiques et climatologiques : fiche 24
- Phénomènes naturels et responsabilité humaine : fiche 25
- Sources d'énergie naturelles, biodiversité et activités humaines : fiche 26

MOTS clés

Biodiversité : diversité des espèces vivantes et des milieux de vie auxquels elles appartiennent.

Climatologie : science qui s'intéresse aux phénomènes météorologiques sur des périodes > 30 ans.

Effet de serre : phénomène de réchauffement de la Terre dû à certains gaz de l'atmosphère.

Énergie non renouvelable : source d'énergie qui se renouvelle très lentement et de manière négligeable à l'échelle humaine.

Énergie renouvelable : source d'énergie dont le renouvellement naturel est assez rapide pour qu'elle puisse être considérée comme inépuisable à l'échelle humaine.

Météorologie : science qui prévoit le temps qu'il va faire dans les prochains jours.

Plan de prévention des risques (PPR) : prévision et prévention des phénomènes géologiques grâce à leur surveillance et à la réglementation de l'aménagement du territoire.

Risque naturel : combinaison d'un aléa d'origine naturelle et d'enjeux humains, économiques...

Séisme : rupture brutale de roches en profondeur provoquant une libération d'énergie et des secousses et déformations à la surface du globe.

Tectonique des plaques : théorie expliquant le mouvement des plaques lithosphériques.

Volcanisme : manifestation liée à la sortie de magma des profondeurs de la Terre.

SCHÉMAS-BILANS

L'action humaine sur l'environnement

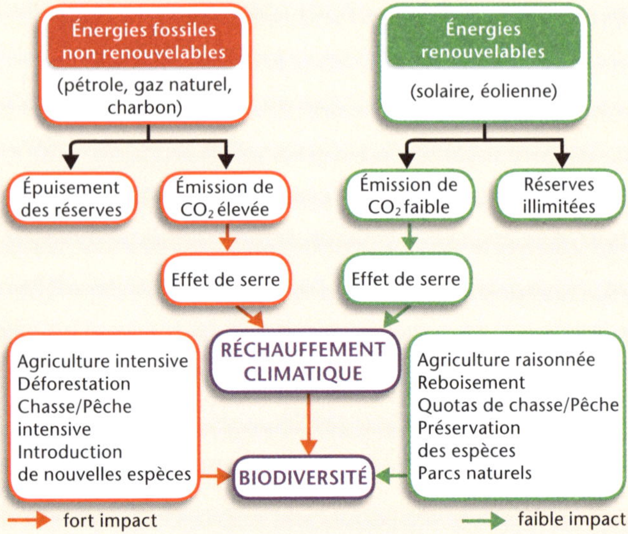

La tectonique des plaques

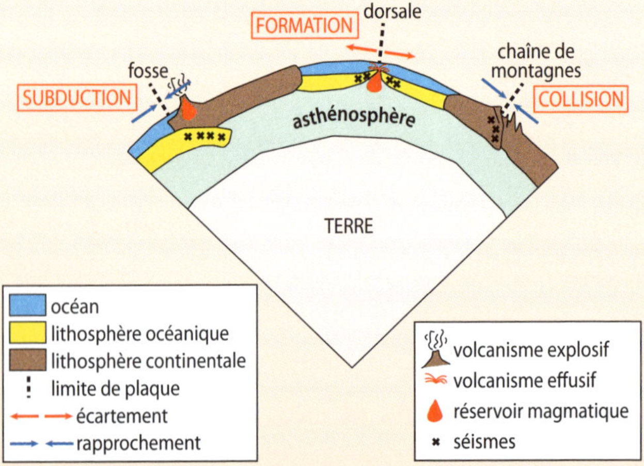

Quiz-bilan

FICHE 29

→ *Réponses au verso.*

1 La Terre est une planète :

a. ☐ tellurique.

b. ☐ située après Mars par rapport au Soleil.

c. ☐ qui tourne sur elle-même autour d'un axe passant par l'équateur.

2 Séismes et volcanisme :

a. ☐ sont répartis au hasard à la surface du globe.

b. ☐ ont lieu aux frontières des plaques lithosphériques.

c. ☐ sont des manifestations de la dynamique externe de la Terre.

3 Les vents :

a. ☐ sont responsables des courants océaniques superficiels.

b. ☐ sont une manifestation de la dynamique interne de la Terre.

c. ☐ sont tous dirigés dans la même direction.

4 La climatologie :

a. ☐ est une science qui a 30 ans.

b. ☐ est basée sur les données météorologiques.

c. ☐ permet de prévoir le temps des jours à venir.

5 L'effet de serre naturel :

a. ☐ est néfaste pour la Terre.

b. ☐ est dû à la présence de certains gaz dans l'atmosphère.

c. ☐ est dû aux activités humaines.

6 Un risque naturel :

a. ☐ est sans dommage pour les populations.

b. ☐ est sans dommage pour les infrastructures.

c. ☐ est la combinaison d'un aléa et d'enjeux humains, économiques ou environnementaux.

7 Les activités humaines sont responsables :

a. ☐ des séismes et du volcanisme.

b. ☐ des vents et des courants océaniques.

c. ☐ de pollutions de l'air, du sol et des eaux.

8 Le PPR (plan de prévention des risques) :

a. ☐ prévoit les séismes. b. ☐ prévient les séismes.

c. ☐ n'agit pas sur les séismes.

9 Les énergies non renouvelables :

a. ☐ sont amenées à s'épuiser.

b. ☐ sont sans effet sur le réchauffement climatique.

c. ☐ sont aujourd'hui peu utilisées.

10 La biodiversité :

a. ☐ est menacée par les parcs nationaux.

b. ☐ est préservée par l'agriculture intensive.

c. ☐ est impactée par nos choix alimentaires.

Réponses :

1 a La Terre est une planète tellurique et rocheuse. – **2 b** Séismes et volcanisme sont des manifestations de la dynamique interne de la Terre. – **3 a** Les vents sont une manifestation de la dynamique externe de la Terre et sont définis par leur direction. – **4 b** La climatologie s'appuie sur des données météorologiques sur des périodes supérieures à 30 ans et permet de prévoir le climat futur. – **5 b** L'effet de serre naturel est bénéfique pour la Terre. – **6 c** Un risque naturel peut être dangereux pour les populations et les infrastructures. – **7 c** Les dynamiques internes et externes sont responsables respectivement des séismes/volcans et des vents/courants océaniques. – **8 b** Les séismes ne sont pas prévisibles mais peuvent être prévenus par des normes de construction et l'éducation des populations. – **9 a** Les énergies non renouvelables sont responsables du réchauffement climatique et majoritairement utilisées de nos jours. – **10 c** La biodiversité est préservée dans les parcs nationaux et menacée par l'agriculture intensive.

La nutrition des organismes

FICHE 30

1 Les niveaux d'organisation des organismes

• Pour mieux comprendre le fonctionnement des **organismes**, on a créé des niveaux d'organisation en allant du plus grand au plus petit.

• Un **appareil** est constitué d'un assemblage d'**organes**.

• Les organes sont constitués d'un assemblage de **tissus**, destinés à remplir une fonction spécifique.

• Les tissus sont constitués d'un assemblage de **cellules** adaptées à une fonction particulière.

2 Les besoins nutritifs des cellules animales

• Les cellules animales consomment des **nutriments** et du **dioxygène** apportés par le sang contenu dans les vaisseaux sanguins, et rejettent des déchets, comme le dioxyde de carbone.

• La réaction chimique entre les nutriments et le dioxygène libère de **l'énergie utilisable** par les cellules animales et de la **chaleur**.

• L'énergie utilisable permet aux cellules d'assurer leurs **activités**.

À retenir

La **nutrition** correspond à la prise de matière nécessaire au **renouvellement des structures** et à la **dépense énergétique** que fait tout être vivant pour se maintenir en vie.

Les besoins nutritifs d'une cellule animale

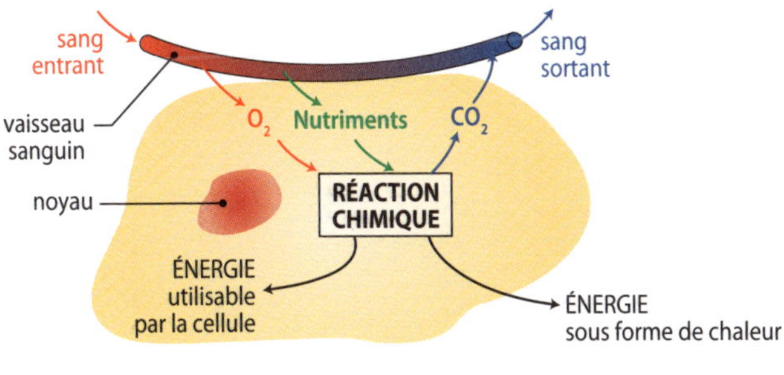

3 Les besoins des cellules végétales chlorophylliennes

À retenir

Les végétaux chlorophylliens sont des **producteurs primaires** de matière organique. Pour la produire, ils se nourrissent de matière minérale. Alors que les animaux sont des **producteurs secondaires** de matière organique. Pour la produire, ils se nourrissent de matière organique déjà fabriquée par un autre être vivant.

- Les **cellules chlorophylliennes** sont capables de produire leur matière organique (leurs nutriments) à partir de matières minérales en utilisant **l'énergie lumineuse**.
- Les matières minérales sont le **dioxyde de carbone** de l'air ambiant, l'**eau** et les **sels minéraux** du sol.

4 Les systèmes de transport dans la plante

- L'eau et les sels minéraux, puisés par les racines, sont acheminés par les vaisseaux conducteurs de **sève brute**. Les nutriments, produits au niveau de la feuille, circulent par les vaisseaux conducteurs de **sève élaborée** et peuvent être stockés dans des organes, comme les tubercules ou les racines, et servir de **réserves** à la plante.

Les besoins nutritifs d'une cellule chlorophyllienne

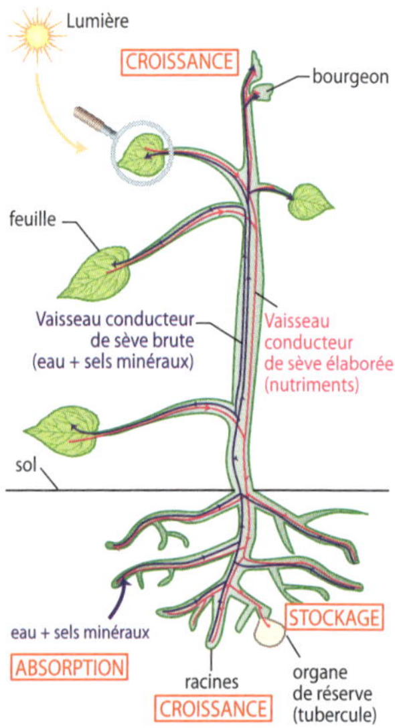

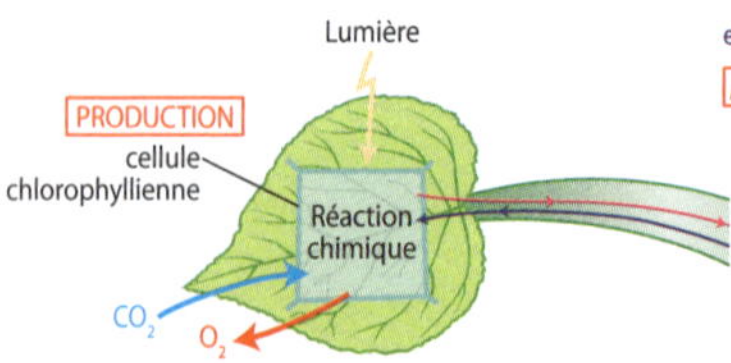

La reproduction des êtres vivants

FICHE 31

1 Reproductions sexuée et asexuée

a. Reproduction sexuée

- La **reproduction sexuée**, animale comme végétale, fait intervenir un individu **mâle** et un individu **femelle** de la **même espèce** qui produisent des cellules sexuelles, les **gamètes**.
- Ces gamètes fusionnent lors de la **fécondation** pour donner une **cellule-œuf**, à l'origine d'un nouvel individu.

b. Reproduction asexuée

- La **reproduction asexuée**, animale ou végétale, est la capacité que possède un individu à se reproduire **seul**.

À retenir

Lors de la reproduction asexuée, les descendants sont **identiques** entre eux et à leur parent unique. Lors de la reproduction sexuée entre deux individus de sexe différent il y a formation d'**individus uniques** réunissant les caractéristiques de chacun des parents.

2 La rencontre des gamètes

a. Chez les animaux

- Lorsque la rencontre des gamètes mâle et femelle a lieu dans le **milieu de vie**, le plus souvent aquatique, on parle de **fécondation externe**.
- Lorsque la rencontre des gamètes mâle et femelle se fait dans le **corps de la femelle**, il s'agit d'une **fécondation interne**. Cela nécessite un **accouplement** où le mâle dépose ses gamètes dans l'appareil génital de la femelle.

b. Chez les plantes à fleurs

- Les grains de **pollen**, produits par les **étamines**, contiennent les cellules reproductrices mâles. Dans l'**ovaire**, chaque **ovule** contient les cellules reproductrices femelles.
- Lorsqu'un grain de pollen se dépose au sommet du **pistil** d'une fleur de la même espèce, un **tube pollinique** se forme et s'enfonce vers l'ovaire. Ce tube conduit la cellule reproductrice mâle vers la cellule reproductrice femelle et permet leur fusion.

3 Le maintien d'une espèce dans un milieu

À retenir

La reproduction sexuée permet aux espèces de se maintenir dans leur milieu en compensant les **décès** par des **naissances**.

a. L'influence des ressources du milieu

• Plus les ressources en nourriture sont abondantes, plus le nombre de descendants arrivant à l'âge adulte est élevé et plus l'espèce a de chances de se maintenir.

b. L'influence de l'Homme

• L'**Homme** peut **perturber** la reproduction sexuée d'une espèce par ses actions sur le milieu ou sur les futurs reproducteurs.

• Il peut aussi **préserver** une espèce en voie d'extinction en la protégeant et en favorisant sa reproduction.

La reproduction sexuée

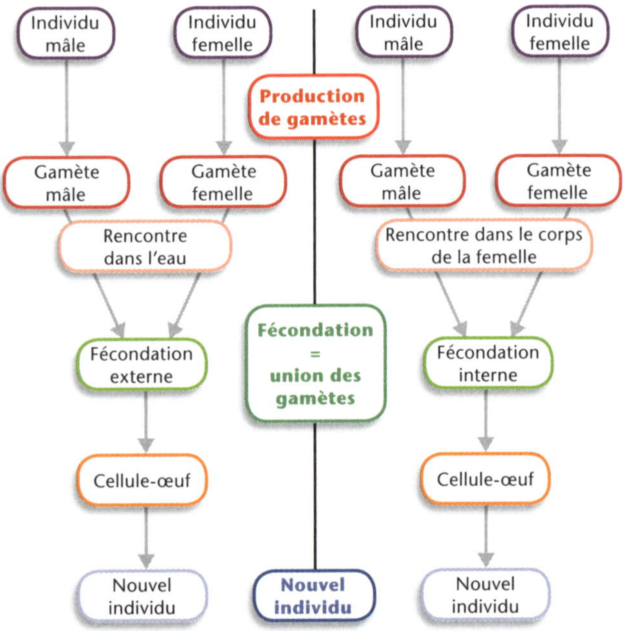

La diversité génétique des individus

FICHE 32

1 Les caractères d'un individu

• Chaque individu présente les caractères de l'espèce auquel il appartient avec des variations qui lui sont propres.

a. Les caractères héréditaires

• Les caractères héréditaires sont transmis de génération en génération. Ils sont hérités des parents et transmis aux enfants.

b. L'influence de l'environnement

• L'alimentation et le soleil sont des facteurs de l'environnement qui peuvent modifier les caractères d'un individu. Ces modifications ne sont pas héréditaires.

À retenir

Le **phénotype** est l'ensemble des **caractères** d'un individu résultant de ses caractères héréditaires et de leurs éventuelles modifications par les facteurs environnementaux.

2 Le support des caractères héréditaires

a. Les chromosomes

• Les chromosomes, situés dans le noyau de chaque cellule, sont le support des caractères héréditaires. Toujours présents, ils ne sont visibles que lors de la multiplication cellulaire.

b. Le caryotype humain

• Les chromosomes peuvent être classés par paire pour établir un caryotype. Une cellule humaine (sauf le gamète) comporte 23 paires de chromosomes, soit 46 chromosomes.

c. Les chromosomes sexuels

• Le sexe d'un individu dépend de sa paire de chromosomes sexuels. La femme possède deux chromosomes X, l'homme un chromosome X et un chromosome Y.

d. Les conséquences d'une anomalie du caryotype

• Une anomalie dans le nombre de chromosomes entraîne une modification des caractères exprimés par l'individu. Les chromosomes sont donc le support de l'information génétique.

3 L'information génétique

a. Le constituant des chromosomes

• Chaque chromosome est constitué principalement d'une seule molécule d'**ADN**. L'ADN est donc le **support moléculaire** de l'information génétique chez tous les êtres vivants.

b. Les gènes, unités d'information

• Un **gène** est une unité d'information, porté par un chromosome et responsable de l'expression d'un **caractère héréditaire**. C'est un fragment d'une molécule d'**ADN**. Chaque chromosome porte de nombreux gènes.

c. Les allèles des gènes

• Les chromosomes allant par paire, nous possédons **deux exemplaires** de chaque gène. Ils sont situés au même endroit sur les chromosomes de la même paire.

• Ils peuvent être identiques ou légèrement différents. Les versions différentes d'un même gène, appelées **allèles**, peuvent s'exprimer ou non.

À retenir

Chaque individu possède la totalité des gènes de l'espèce à laquelle il appartient ainsi qu'une **combinaison originale d'allèles** qui lui est propre. C'est ce qui fait son **unicité**.

Deux caryotypes humains

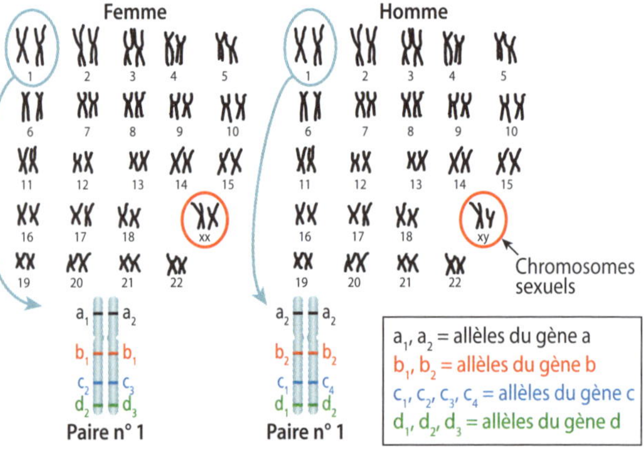

a_1, a_2 = allèles du gène a
b_1, b_2 = allèles du gène b
c_1, c_2, c_3, c_4 = allèles du gène c
d_1, d_2, d_3 = allèles du gène d

La conservation et la transmission de l'information génétique

FICHE 33

1 La conservation de l'information génétique

• Chaque individu est issu d'une **cellule-œuf** qui s'est multipliée pour former les milliards de cellules de son organisme.

a. La duplication des chromosomes

• Avant le début de la multiplication cellulaire, chaque chromosome est **dupliqué**. Il fabrique une copie identique de sa molécule d'ADN et devient un **chromosome double** à deux molécules d'ADN.

b. La séparation des chromosomes doubles

• Les deux molécules d'ADN des chromosomes doubles se séparent et se répartissent en **deux lots identiques**. Chacune des deux cellules formées reçoit les **46 chromosomes simples** identiques à ceux de la cellule initiale.

À retenir

Les cellules de l'organisme, à l'exception des cellules reproductrices, possèdent la **même information génétique** que la cellule-œuf dont elles proviennent par multiplications successives.

La division cellulaire

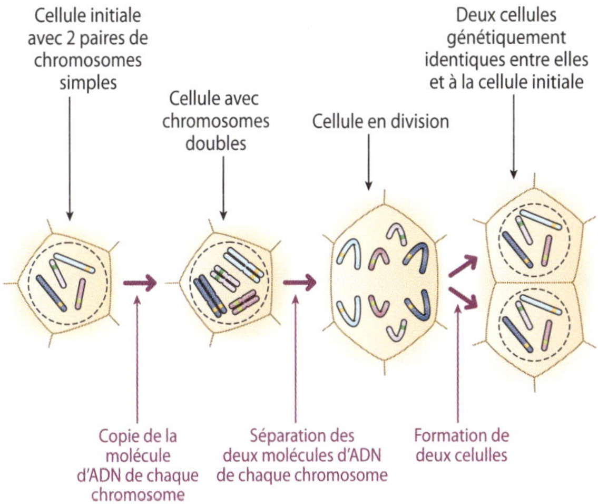

2 La transmission de l'information génétique

a. La formation des gamètes

- Les cellules reproductrices, ou **gamètes**, se forment à la suite d'une multiplication cellulaire particulière, la **méiose**, où les chromosomes de la même paire se séparent.
- Chaque gamète ne possède plus qu'un seul exemplaire de chaque paire de chromosomes, donc **23 chromosomes** au total.
- Le spermatozoïde contient soit le chromosome X, soit le chromosome Y. L'ovule contient le chromosome X.

b. La fécondation

- La **fécondation** est la rencontre entre un spermatozoïde et un ovule. Elle permet la reconstitution des paires de chromosomes et la formation d'une **cellule-œuf** à 23 paires de chromosomes.
- Chaque paire comprend un chromosome d'origine paternelle et un chromosome d'origine maternelle.

c. Le sexe de l'enfant à naître

- Il dépend du **spermatozoïde** qui a fécondé l'ovule.
- L'ovule contenant toujours X, si le spermatozoïde contient aussi le chromosome X, l'enfant sera une fille. S'il contient le chromosome Y, alors l'enfant sera un garçon.

3 L'unicité de chaque individu

a. Un premier brassage lors de la méiose

- Les chromosomes de la même paire portent les mêmes gènes mais pas forcément les mêmes allèles. Leur séparation se fait **au hasard** et de **façon indépendante**. Cela entraîne un nombre élevé de gamètes avec une combinaison originale d'allèles.

b. Un deuxième brassage lors de la fécondation

- La fécondation réunit **au hasard** un gamète mâle et un gamète femelle. Cela aboutit à des milliards de combinaisons d'allèles possibles pour une cellule-œuf.

À retenir

Chaque individu possède pour chaque gène un **allèle maternel** et un **allèle paternel**. Il est le résultat de la **combinaison d'allèles de ses parents**.

L'évolution du vivant

FICHE 34

1 L'origine commune de tous les êtres vivants

a. Le renouvellement des groupes d'organismes vivants

- Les roches sédimentaires contiennent des **fossiles** et constituent ainsi de véritables **archives géologiques**. On constate, depuis l'apparition de la vie, il y a plus de 3 milliards d'années, un **renouvellement** des groupes d'organismes vivants. Ces groupes sont apparus, se sont développés, ont régressé puis ont pu disparaître au cours du temps.

b. Les relations de parenté entre les groupes

- Tous les êtres vivants partagent deux caractères qui fondent l'unité du monde vivant : la présence d'au moins une **cellule** et une information génétique portée par l'**ADN**. Ils sont donc apparentés et possèdent un **ancêtre commun**.

- Une espèce nouvelle présente des **caractères ancestraux** et aussi des **caractères nouveaux** par rapport à une espèce antérieure dont elle est issue.

À retenir

L'**évolution** explique l'origine commune des êtres vivants, les changements du monde vivant au cours de l'histoire et la biodiversité actuelle.
Les espèces apparaissent à partir de la modification d'espèces préexistantes. Elles sont reliées entre elles par un **arbre de parenté** ou arbre d'évolution.

c. La place de l'Homme

- L'Homme, comme toutes les autres espèces, s'inscrit dans l'histoire évolutive de la vie. C'est un **mammifère** du groupe des **primates**.

- C'est avec le chimpanzé qu'il est le plus apparenté. Ils possèdent un ancêtre commun qui a donné naissance à deux **lignées** : celle de l'Homme et celle du chimpanzé.

2 Les mécanismes de l'évolution

a. Apparition et disparition d'espèces

À retenir

Les **évènements importants** de l'histoire de la vie (extinctions massives, diversification…) et de la Terre (volcanisme, impact de météorite…) ont été utilisés pour découper l'histoire de la Terre en **ères**.

• Au cours de l'histoire de la Terre, des **évènements géologiques et climatiques** ont modifié les milieux et les conditions de vie, entraînant des **extinctions** massives, suivies de périodes de **diversification**.

b. Les modifications dues au hasard

• L'apparition de **caractères nouveaux** au cours des générations suggère des modifications de l'information génétique dues à des **mutations**. Celles-ci touchent au hasard la molécule d'**ADN**.

c. La sélection naturelle

• Dans un environnement donné, les êtres vivants les mieux adaptés vont se reproduire et l'espèce se maintenir. C'est l'effet de la **sélection naturelle**.

Frise chronologique de la création de la Terre à nos jours

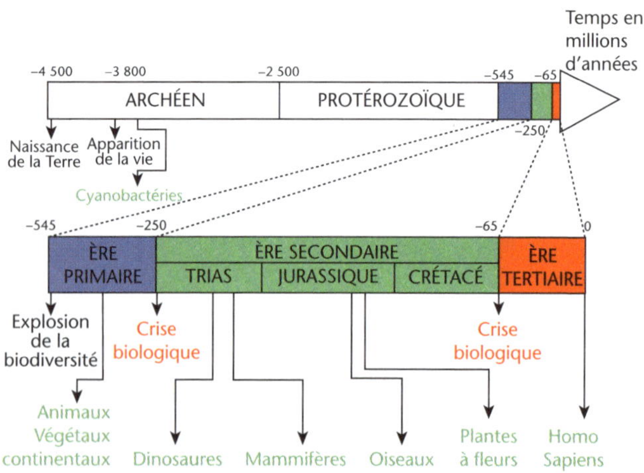

Exercice commenté pas à pas

Réaliser un schéma fonctionnel

Exercice : réaliser un schéma fonctionnel traduisant le maintien du nombre de chromosomes lors de la reproduction sexuée.

On choisira de représenter deux paires de chromosomes (paire n° 2 et paire de chromosomes sexuels).

Avant de commencer

- Un schéma fonctionnel comporte des **éléments représentés par des figures géométriques qui ne ressemblent pas à la réalité** et dont les proportions ne sont pas respectées.
- Les différents éléments sont mis en relation grâce à des **flèches significatives** qui indiquent des actions.
- Des **couleurs**, des **légendes** et un **titre** viennent compléter le schéma.

→ Commencez par la représentation des cellules-mères des cellules sexuelles.

On dessine dans la cellule-mère des spermatozoïdes la paire de chromosomes n° 2 + XY et dans la cellule-mère des ovules la paire de chromosomes n° 2 + XX. Chaque chromosome sera d'une couleur différente.

→ Répartissez les chromosomes des cellules-mères dans les cellules-filles lors de la méiose.

On sépare les paires de chromosomes et on obtient quatre cellules-filles, avec chacune un représentant de chaque paire. Pour montrer le brassage qui a lieu lors de la méiose, chaque cellule-fille obtenue est unique de par la combinaison de chromosomes qu'elle possède.

Montrez le résultat d'une fécondation.

On choisit un ovule parmi les quatre et un spermatozoïde parmi les quatre pour réaliser une fécondation. On obtient une cellule-œuf unique parmi les seize possibles.

Complétez le schéma fonctionnel.

On légende les cellules et les chromosomes. On explique la signification des flèches. On donne un titre.

Corrigé :

Schéma fonctionnel du maintien du nombre de chromosomes lors de la reproduction sexuée

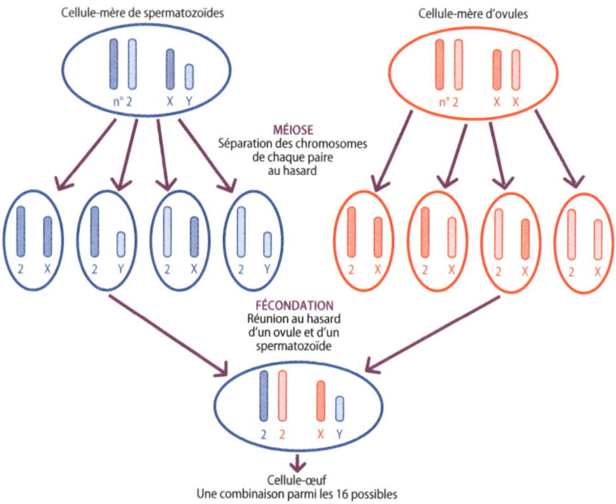

Le vivant et son évolution

MÉMO

THÈMES clés

MOTS clés

Ancêtre commun universel : cellule sans noyau ayant vécu il y a près de 4 milliards d'années, à l'origine de tous les êtres vivants actuels ou fossiles.

Arbre de parenté : représentation des relations entre des êtres vivants présentant des caractères communs et possédant un ancêtre commun à l'origine de plusieurs lignées.

Biodiversité : ensemble des êtres vivants présents dans un environnement donné.

Caractère héréditaire : caractère provenant des parents.

Caryotype : représentation ordonnée des chromosomes classés par paire et par taille décroissante.

Chromosome : filament d'ADN condensé situé dans le noyau et support de l'information génétique.

Évolution : apparition de nouvelles espèces à partir d'espèces préexistantes descendant toutes d'un ancêtre commun.

Gène : fragment de chromosome et donc d'ADN porteur d'une information pour la réalisation d'un caractère. Un gène peut exister sous différentes formes appelées allèles.

Multiplication cellulaire : obtention de deux cellules identiques entre elles et à la cellule d'origine.

Mutation : modification de l'information génétique à l'origine de la modification d'un caractère.

Sélection naturelle : avantage pris par certains individus plus aptes à se reproduire dans un environnement donné.

SCHÉMAS-BILANS

Évolution du vivant et histoire de la Terre

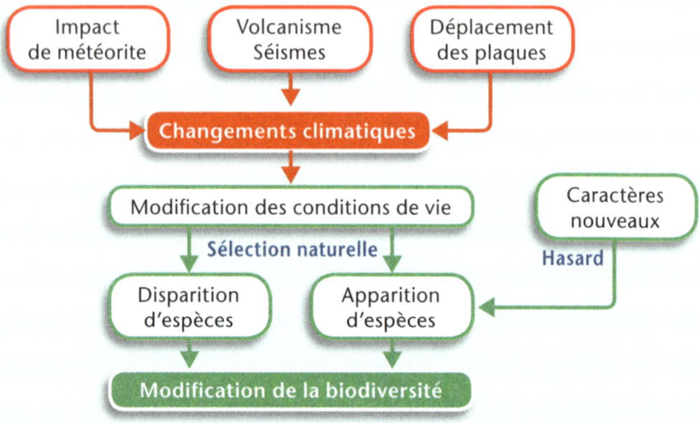

Arbre de parenté simplifié du monde vivant

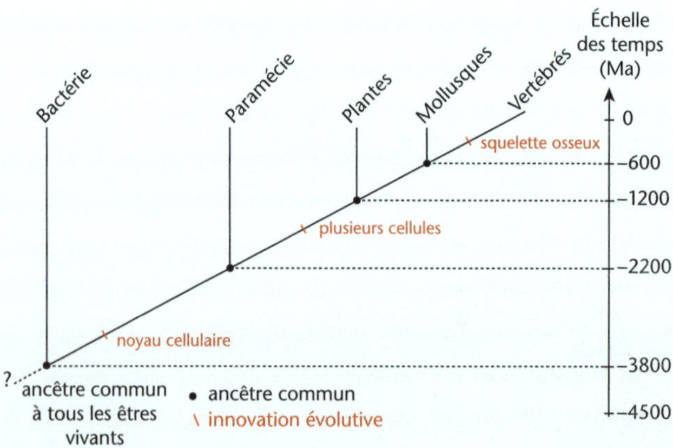

Quiz-bilan

→ *Réponses au verso.*

1 Les cellules animales fabriquent leur énergie en consommant :

a. ☐ du dioxyde de carbone.
b. ☐ des nutriments.
c. ☐ du dioxygène et des nutriments.

2 Les cellules chlorophylliennes fabriquent leur matière organique à partir :

a. ☐ du dioxyde de carbone et des nutriments.
b. ☐ du dioxyde de carbone et des substances minérales.
c. ☐ du dioxygène et des substances minérales.

3 La reproduction sexuée fait intervenir :

a. ☐ un mâle et une femelle d'espèces différentes.
b. ☐ des gamètes qui fusionnent lors de la fécondation.
c. ☐ un seul individu.

4 La fécondation :

a. ☐ est interne quand elle a lieu dans le corps de la femelle.
b. ☐ nécessite un accouplement quand elle est externe.
c. ☐ a lieu dans les étamines de la fleur.

5 Une cellule de la peau humaine comporte :

a. ☐ 46 chromosomes de tailles différentes.
b. ☐ 23 paires de chromosomes.
c. ☐ 23 paires de chromosomes plus une paire de chromosomes sexuels.

6 Un gène :

a. ☐ est une molécule d'ADN.
b. ☐ est un chromosome.
c. ☐ peut exister sous différentes formes appelées allèles.

7 La multiplication cellulaire :

a. ☐ consiste en la fusion de deux cellules.
b. ☐ nécessite la duplication de chaque chromosome.
c. ☐ permet de créer des cellules différentes de la cellule initiale.

8 L'unicité de chaque individu est due au fait que :

a. ☐ chaque individu possède une combinaison originale d'allèles de l'espèce.
b. ☐ chaque individu possède la moitié des gènes de l'espèce.
c. ☐ chaque individu possède des gènes de l'espèce et des gènes qui lui sont propres.

9 L'ancêtre commun à tous les êtres vivants :

a. ☐ est un être vivant constitué de plusieurs cellules.
b. ☐ possède une molécule d'ADN comme support de l'information génétique.
c. ☐ est apparu il y a 2 milliards d'années.

10 L'évolution :

a. ☐ est indépendante des évènements géologiques et climatiques terrestres.
b. ☐ est dépendante de la sélection naturelle.
c. ☐ est indépendante des mutations qui touchent l'ADN.

Réponses :

1 c La réaction chimique entre les nutriments et le dioxygène libère de l'énergie utilisable par la cellule et de la chaleur. – **2** b Les cellules chlorophylliennes fabriquent leur matière organique à partir du dioxyde de carbone de l'air et des substances minérales puisées par les racines. La lumière est indispensable. – **3** b Les gamètes proviennent de deux individus de sexe différent mais de la même espèce. – **4** a La fécondation interne nécessite un accouplement. Chez la fleur, elle a lieu dans l'ovaire contenu dans le pistil. – **5** b 23 paires de chromosomes dont une paire de chromosomes sexuels, XX chez la femme et XY chez l'homme. – **6** c Un gène est un fragment de molécule d'ADN donc un fragment de chromosome. – **7** b La multiplication cellulaire d'une cellule aboutit à deux cellules identiques entre elles et à la cellule initiale. – **8** a Chaque individu possède la totalité des gènes de l'espèce. – **9** b L'ancêtre commun à tous les êtres vivants est unicellulaire et est apparu il y a environ 3,8 milliards d'années. – **10** b L'évolution est influencée par les évènements géologiques et climatiques qui modifient les conditions de vie et par les mutations qui sont à l'origine de nouveaux caractères.

Modifications de l'organisme lors d'un effort

FICHE 38

1 Les besoins des muscles en activité

• Au cours d'une activité physique, les besoins des muscles augmentent.

• Ils consomment plus de dioxygène et de nutriments afin de couvrir leurs dépenses énergétiques.

2 Rythme respiratoire et effort physique

• Au cours d'une activité physique, le rythme respiratoire augmente.

• Cette augmentation permet de prélever plus de dioxygène dans l'air et donc de recharger le sang en dioxygène au niveau des alvéoles pulmonaires.

3 Rythme cardiaque et effort physique

• Au cours d'une activité physique, le rythme cardiaque augmente.

• Cette augmentation permet d'envoyer plus de sang et donc plus de dioxygène et de nutriments aux muscles en activité.

À retenir

Le **sang** est mis en mouvement par le **cœur**, muscle creux, qui propulse le sang dans les **vaisseaux sanguins** de façon rythmique. La circulation du sang dans le système clos de l'appareil circulatoire est à **sens unique** et assure les **échanges permanents** au niveau des organes.

4 Capacités, limites de l'organisme et dopage

• Les capacités de l'organisme peuvent être augmentées grâce à un entraînement adapté. Cependant, lorsque les capacités n'augmentent plus, le corps a atteint ses limites.

• Le dopage consiste à absorber des substances ou user de méthodes permettant d'augmenter ses capacités physiques. Il est dangereux pour la santé et peut avoir des conséquences mortelles.

5 La commande nerveuse du mouvement

• Le **message nerveux sensitif**, créé par l'organe sensoriel, est transmis par le **nerf sensitif** aux **centres nerveux** (cerveau et moelle épinière). Ceux-ci analysent le message et élaborent en réponse des **messages nerveux moteurs** qui sont transmis par les **nerfs moteurs** jusqu'aux **organes effecteurs**.

Relations nerveuses entre les organes sensoriels et les organes effecteurs lors de la réalisation d'un mouvement

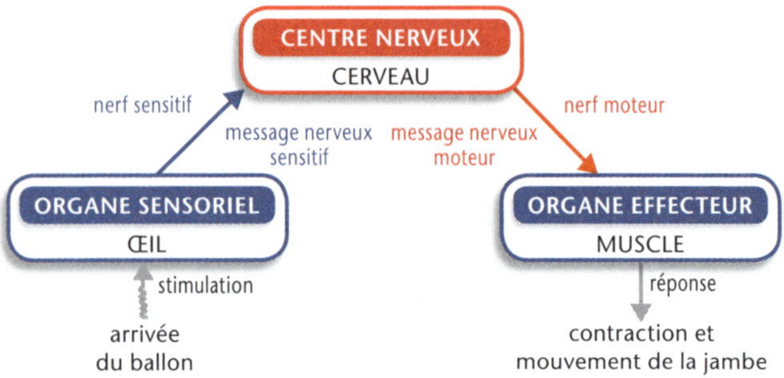

6 Les neurones, support de la communication nerveuse

• Les neurones sont des **cellules nerveuses** constituées d'un **corps cellulaire** qui reçoit les messages des autres neurones et d'un long prolongement cytoplasmique (ou **fibre nerveuse**) qui transmet les messages à d'autres neurones.

7 Les conditions d'un bon fonctionnement du système nerveux

• Le cerveau est un organe qui nécessite un apport en **nutriments** suffisant et continu.

• Une **activité physique** et **cérébrale** régulière et des phases de repos comme le **sommeil** aident à stimuler et à protéger nos capacités cérébrales.

• La consommation d'**alcool**, de certains **médicaments** ou de **drogues**, mais aussi la **fatigue** et le **bruit** perturbent la transmission des messages nerveux au niveau cérébral, ce qui entraîne une **mauvaise perception** de l'environnement.

Alimentation et digestion

FICHE 39

1 La transformation des aliments dans le tube digestif

• Au cours de leur trajet dans le **tube digestif** formé de la bouche, l'œsophage, l'estomac, l'intestin grêle et le gros intestin, les aliments subissent une transformation et sont réduits en bouillie.

• La **mastication** dans la bouche et les **mouvements** dans l'œsophage, l'estomac et l'intestin grêle réduisent les aliments.

• Les aliments non digérés poursuivent leur trajet dans le gros intestin et sont expulsés au niveau de l'anus.

2 L'action des enzymes digestives

• En plus de l'action mécanique, les aliments subissent l'action chimique des **enzymes digestives** contenues dans les **sucs digestifs** des glandes salivaires, de l'estomac et de l'intestin grêle.

• Les aliments sont réduits en **nutriments** solubles et se retrouvent dans l'intestin grêle.

La digestion des aliments et l'absorption des nutriments

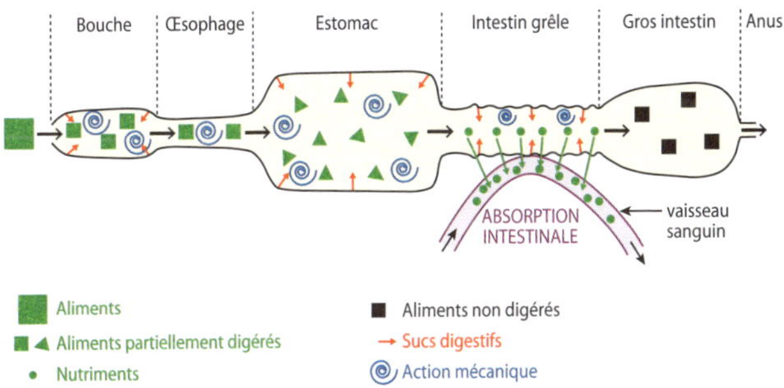

3 Le passage des nutriments dans le sang

À retenir

Les **nutriments**, résultats de la digestion, sont acheminés par le sang jusqu'aux organes.
En présence de **dioxygène** apporté par la respiration, les nutriments libèrent l'**énergie** nécessaire au fonctionnement des organes (voir Fiche 30).

- Au niveau de l'intestin grêle, organe richement vascularisé, les nutriments sortent du tube digestif et passent dans le sang, c'est l'**absorption intestinale**.
- La structure de l'intestin grêle, vaste **surface d'échanges** grâce à ses replis et **villosités**, favorise le passage des nutriments.

4 Alimentation et apport en énergie

- Les **apports en énergie** varient en fonction des aliments consommés.
- Les légumes, fruits et laitages sont faiblement **énergétiques**.
- En revanche, les aliments sucrés, les matières grasses et la charcuterie sont très énergétiques.

5 Les besoins énergétiques

- Les **besoins énergétiques** varient selon les individus.
- L'énergie nécessaire à un individu pour couvrir ses dépenses énergétiques dépend de son âge, son sexe et ses activités.

6 L'équilibre alimentaire

À retenir

Manger équilibré c'est consommer tous les aliments mais dans des quantités recommandées par le programme national nutrition santé.

- Une alimentation est **équilibrée** lorsque les apports énergétiques fournis par les aliments couvrent les dépenses énergétiques de l'individu.
- La consommation de matières grasses, d'aliments sucrés ou salés, le grignotage et le manque d'exercice physique favorisent l'apparition des **maladies cardiovasculaires** ou de l'**obésité**, à l'origine de maladies nutritionnelles comme le **diabète**.

Relations avec le monde microbien

FICHE 40

1 De la contamination à l'infection

• La **contamination** par les micro-organismes pathogènes a lieu lorsque les **barrières naturelles** du corps sont franchies. Elle peut se faire par l'eau, l'air, le sang ou lors des rapports sexuels.

• L'**infection** correspond à la multiplication des **bactéries** dans le sang et la lymphe et à la sécrétion des **toxines** véhiculées par le sang. Les **virus** se multiplient dans des **cellules-hôtes**.

À retenir

Les microbes (ou micro-organismes) :
- sont **utilisés** dans l'industrie alimentaires et pharmaceutique ;
- sont présents dans le tube digestif ;
- sont parfois **pathogènes** (bacille de la tuberculose, virus de la grippe).

2 Protections contre la contamination et l'infection

• **L'asepsie** permet d'éviter la contamination en supprimant les micro-organismes pathogènes.

• Les produits **antiseptiques** permettent d'éviter l'infection en détruisant ou limitant le développement des micro-organismes.

• Les **antibiotiques** détruisent ou bloquent la multiplication des **bactéries** dans l'organisme infecté. Ils sont sans effet sur les virus.

3 Le système immunitaire

• Le **système immunitaire** permet à l'organisme de reconnaître des éléments étrangers et de se défendre. Les **organes lymphoïdes** fabriquent des **leucocytes** qui circulent dans le sang et la lymphe vers les lieux de l'infection.

4 La réaction immédiate à l'infection

• Certains leucocytes, les **phagocytes**, détectent et éliminent un grand nombre de micro-organismes étrangers par **phagocytose**. Cela permet le plus souvent de stopper l'infection.

5 La réaction immunitaire lente et ciblée

• Si l'infection n'est pas stoppée, une réaction immunitaire plus lente mais plus ciblée se met en place. Elle fait intervenir les **lymphocytes B et T** capables de reconnaître des molécules étrangères, les **antigènes**, et de s'activer.

• Les lymphocytes B fabriquent des **anticorps** qui se fixent sur les antigènes et les neutralisent. Le complexe antigène-anticorps est ensuite phagocyté.

• Les lymphocytes T détruisent par **contact** les cellules infectées par un virus.

6 Le principe de la vaccination

• Lors d'un deuxième contact avec le même antigène, la réaction immunitaire est plus rapide et plus efficace. Cela est dû à l'existence de **lymphocytes mémoire** activés lors du premier contact et responsables de la **mémoire immunitaire**.

• La **vaccination** consiste à injecter préventivement des micro-organismes rendus non pathogènes afin de fabriquer des lymphocytes mémoire.

Schéma-bilan de la défense de l'organisme contre les infections

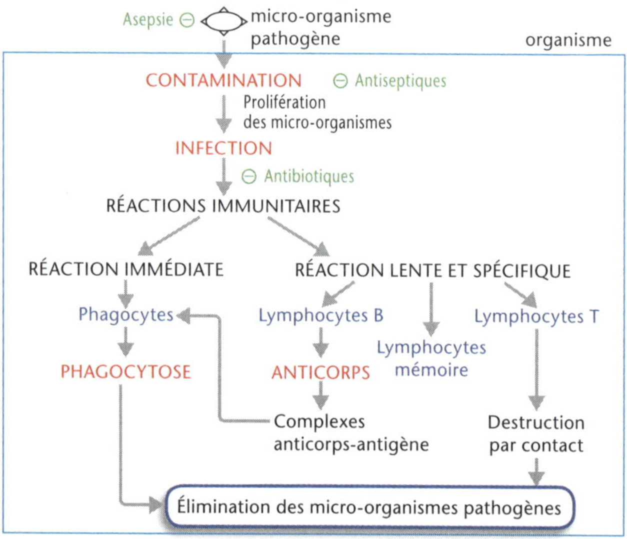

Reproduction et sexualité

FICHE 41

1 La mise en route du fonctionnement des organes reproducteurs

a. Les transformations liées à la puberté

• La **puberté** est due à une augmentation des concentrations sanguines de certaines **hormones cérébrales** qui déclenchent le développement des testicules et des ovaires.

À retenir

Une **hormone** est une substance fabriquée par un organe, libérée dans le **sang** et qui agit sur le fonctionnement d'un **organe-cible**.

• Ceux-ci libèrent à leur tour des **hormones sexuelles** qui entraînent l'apparition des **caractères sexuels secondaires**.

b. Un fonctionnement continu chez l'homme

• Les **testicules** se mettent à fabriquer des millions de **spermatozoïdes**, **gamètes** mâles, en continu et ce jusqu'à la mort.

• Mélangés aux sécrétions des glandes annexes, ils forment le **sperme** et sont libérés lors de l'**éjaculation**.

c. Un fonctionnement cyclique chez la femme

• Un des deux **ovaires** expulse, chaque **cycle de 28 jours**, un **ovule**, gamète femelle, dans la **trompe** et ce jusqu'à la **ménopause**.

• Les hormones ovariennes entraînent le développement de la paroi interne de l'**utérus**. En l'absence de fécondation, le taux d'hormones diminue, ce qui déclenche la destruction de la paroi : ce sont les **règles**.

• Les cycles de l'ovaire et de l'utérus sont **synchrones** : le 1er jour du cycle débute avec les règles et le 14e jour est marqué par l'**ovulation**.

2 Concevoir un enfant

a. La fécondation

• Lors d'un **rapport sexuel**, les spermatozoïdes, déposés dans le vagin, remontent jusqu'aux **trompes**.

• Si le rapport sexuel a lieu autour de la période d'ovulation, un spermatozoïde peut pénétrer dans l'ovule et former une **cellule-œuf** : c'est la **fécondation**.

b. La grossesse

• Durant son trajet vers l'utérus, la cellule-œuf se divise et devient un **embryon**, puis s'implante dans la paroi de l'utérus : c'est la **nidation**.

• Du fait du maintien du taux d'hormones ovariennes, la paroi interne n'est pas éliminée, les règles ne se produisent pas, ce qui est un signe du début de la **grossesse**.

• L'embryon se développe et devient un **fœtus** grâce aux échanges avec le sang maternel, au niveau du **placenta**.

c. La naissance

• Après 9 mois de grossesse, des **contractions de l'utérus** permettent la dilatation du col de l'utérus et l'expulsion du bébé : c'est l'**accouchement**.

3 La maîtrise de la reproduction

a. La contraception

• La contraception désigne l'ensemble des méthodes utilisées pour éviter qu'un rapport sexuel aboutisse à une grossesse. Elle doit être **efficace** et **réversible**. Elle peut être **chimique** (pilule) ou **mécanique** (stérilet, préservatif).

b. La contragestion

• La **pilule du lendemain** est une contraception d'urgence en cas de rapport sexuel mal ou non protégé. Son utilisation doit rester exceptionnelle. Elle empêche l'ovulation et la nidation.

• L'**avortement** (RU 486) interrompt une grossesse.

c. La procréation médicalement assistée

• Les méthodes de procréation médicalement assistée (**PMA**) comme l'**insémination artificielle** ou la **fécondation *in vitro* avec transfert d'embryon** (**FIVETE**) peuvent permettre à un couple stérile de donner naissance à un enfant.

Exercice commenté pas à pas

Lire et exploiter un graphique

Lire et exploiter le graphique ci-dessous pour expliquer le principe de la vaccination.

Évolution de la quantité d'anticorps sanguins en fonction du temps et du nombre d'injection d'antigène

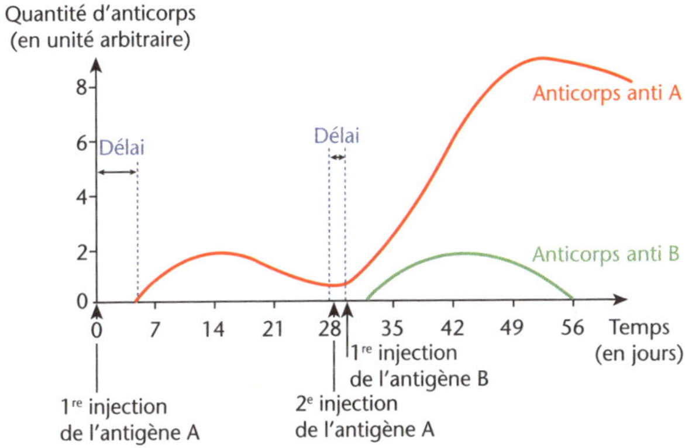

Avant de commencer

▶ Lire **le titre du graphique** pour repérer le phénomène étudié en fonction d'une grandeur que l'on fait varier, appelée variable.

▶ Identifier **le phénomène étudié sur l'axe vertical** et ses unités.

▶ Identifier **la grandeur variable sur l'axe horizontal** et ses unités

▶ Exploiter les deux courbes de **façon indépendante** car ce sont deux antigènes différents.

→ Commencez par la courbe rouge : repérez les deux dates d'injection, le délai, la durée de production d'anticorps et l'évolution de la quantité d'anticorps produite suite aux deux injections.

On injecte l'antigène A à j = 0 puis à j = 28. Suite à la première injection, le délai de production d'anticorps est de 5 jours et la durée de 23 jours, alors qu'après la seconde injection, le délai est de 1 jour et la durée dépasse largement les 30 jours.

Suite à la première injection, le taux d'anticorps nul augmente à partir de j = 5 et atteint 2 ua à j = 16, puis il redescend jusqu'à j = 28 pour atteindre 0,5 ua. Après la seconde injection, il atteint 9 ua, 28 jours plus tard et redescend doucement.

→ Remarquez que la courbe verte avec l'antigène B est identique à la première injection de l'antigène A.

Le délai et la durée sont les mêmes, ainsi que la variation de la quantité d'anticorps.

→ Mobilisez vos connaissances sur la mémoire immunitaire et la vaccination.

Lors d'un contact avec un antigène, la réaction immunitaire produit aussi des lymphocytes mémoire. La vaccination consiste à injecter des antigènes « atténués » capables de déclencher une réaction immunitaire.

Corrigé

Le graphique nous montre l'évolution du taux d'anticorps en réponse à une ou deux injections d'un antigène donné. Suite à une première injection d'antigène, la réaction immunitaire produit des anticorps avec un délai de 5 jours, la quantité maximale est de 2 ua et la durée de production est de 23 jours. Après la seconde injection, le délai est raccourci à un jour, la production atteint 9 ua et la durée est très supérieure. On en déduit que les lymphocytes mémoire produits lors de la première injection permettent au système immunitaire de réagir plus vite, plus intensément et plus durablement lors d'un second contact. De plus, l'injection à t = 28 de l'antigène B n'entraîne pas la même réponse que le deuxième contact avec l'antigène A. Cela montre que la mémoire immunitaire est dirigée contre un antigène déterminé. Lors de la vaccination, on va donc injecter un antigène « atténué » pour acquérir préventivement et durablement une mémoire immunitaire contre un antigène déterminé.

BILAN

Le corps humain et la santé

FICHE 43

MÉMO

THÈMES clés

Modifications de l'organisme lors d'un effort : fiche 38
Alimentation et digestion : fiche 39
Relations avec le monde microbien : fiche 40
Reproduction et sexualité : fiche 41

MOTS clés

Absorption intestinale : passage des nutriments de l'intestin grêle vers le sang.

Centre nerveux : organe (cerveau, moelle épinière) qui reçoit des messages nerveux sensoriels et envoie des messages nerveux moteurs.

Contraception : ensemble des méthodes chimiques ou mécaniques pour empêcher la fécondation lors d'un rapport sexuel.

Digestion : transformation mécanique et chimique des aliments en nutriments.

Infection : multiplication de micro-organismes pathogènes chez un individu.

Nutriment : substance provenant de la digestion d'un aliment et capable d'être absorbée au niveau de l'intestin grêle.

PMA : procréation médicalement assistée (insémination artificielle, FIVETE).

Puberté : période durant laquelle les individus deviennent aptes à transmettre la vie.

Rythme cardiaque : nombre de battements du cœur par minute.

Rythme respiratoire : nombre de mouvements respiratoires (inspiration et expiration) par minute.

Système immunitaire : système de défense de l'organisme contre les agressions microbiennes.

Vaccination : méthode préventive permettant d'immuniser un individu contre une maladie.

Modifications de l'organisme au cours d'un effort

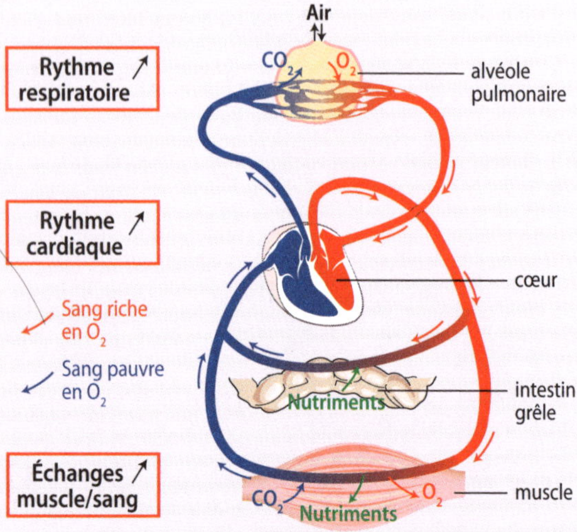

Les cycles ovarien et utérin

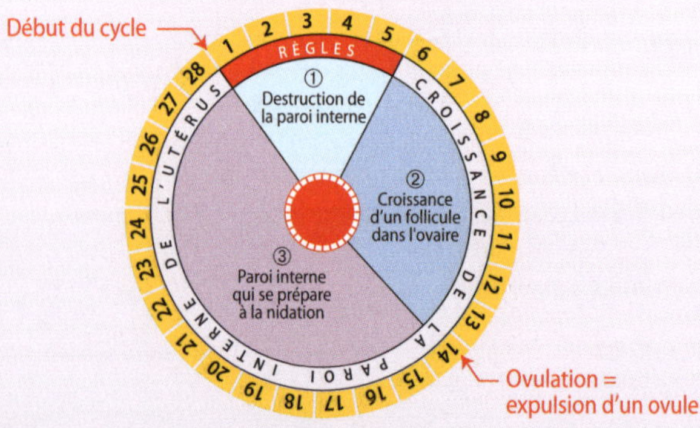

Quiz-bilan

FICHE 44

→ *Réponses au verso.*

1 Au cours d'une activité physique, les muscles :

a. ☐ consomment plus de dioxyde de carbone et de nutriments.

b. ☐ sont alimentés en nutriments grâce à l'augmentation du rythme respiratoire.

c. ☐ augmentent leurs échanges avec le sang.

2 Les centres nerveux :

a. ☐ élaborent des messages nerveux sensitifs.

b. ☐ reçoivent des messages nerveux moteurs.

c. ☐ mettent en relation les organes sensoriels et les muscles.

3 La digestion :

a. ☐ se situe dans l'estomac.

b. ☐ fait intervenir des sucs digestifs.

c. ☐ transforme tous les aliments en nutriments.

4 L'absorption intestinale :

a. ☐ est le passage des aliments vers le sang.

b. ☐ a lieu dans le gros intestin.

c. ☐ est facilitée grâce aux villosités intestinales.

5 L'infection :

a. ☐ est la multiplication des micro-organismes pathogènes chez un individu.

b. ☐ a lieu avant la contamination.

c. ☐ est empêchée par l'asepsie.

6 Les lymphocytes B :

a. ☐ détruisent les cellules infectées par contact.

b. ☐ sont fabriqués immédiatement après l'infection.

c. ☐ fabriquent des anticorps.

7 La vaccination :

a. ▢ consiste à injecter des micro-organismes pathogènes.
b. ▢ s'appuie sur l'existence des lymphocytes mémoire.
c. ▢ est une méthode curative.

8 La puberté :

a. ▢ correspond à l'apparition des organes reproducteurs.
b. ▢ est due à une augmentation d'hormones cérébrales.
c. ▢ entraîne la mise au repos des ovaires et des testicules.

9 La contraception peut :

a. ▢ empêcher l'apparition des règles.
b. ▢ empêcher le développement du fœtus.
c. ▢ empêcher l'ovulation.

10 La PMA :

a. ▢ permet d'éviter une grossesse.
b. ▢ veut dire « projet maternel assisté ».
c. ▢ peut consister en un don de sperme.

Réponses :

1 c Au cours d'une activité physique, les muscles sont plus alimentés en dioxygène et en nutriments grâce à l'augmentation du rythme cardiaque. – **2 c** Les centres nerveux reçoivent des messages nerveux sensoriels et élaborent des messages nerveux moteurs. – **3 b** La digestion a lieu dans le tube digestif, les aliments non digérés vont dans le gros intestin. – **4 c** L'absorption intestinale est le passage des nutriments de l'intestin grêle vers le sang. – **5 a** L'infection a lieu après contamination et est empêchée par les produits antiseptiques. – **6 c** Les lymphocytes T détruisent les cellules infectées par contact. Cette réaction immunitaire est lente. – **7 b** La vaccination consiste à injecter préventivement des micro-organismes atténués. – **8 b** La puberté correspond à l'apparition des caractères sexuels secondaires et à la mise en route des ovaires et des testicules. – **9 c** La contraception maintient les cycles sexuels et n'entraîne pas d'avortement. – **10 c** La PMA, ou procréation médicalement assistée, permet aux couples stériles de donner naissance à un enfant.

Identifier un besoin et s'approprier un cahier des charges

FICHE 45

1 Le besoin exprimé sous forme littérale

- Une pizzeria a demandé à une entreprise de fabrication de drones d'adapter sur leurs drones un crochet permettant le transport et le largage de pizzas chez les clients.
Il devra transporter une masse de 1 000 grammes comprenant les pizzas et leur boîte, s'ouvrir à 10 cm du sol, avertir le client par un signal sonore et consommer peu d'énergie.

2 Le besoin exprimé avec un diagramme des cas d'utilisation

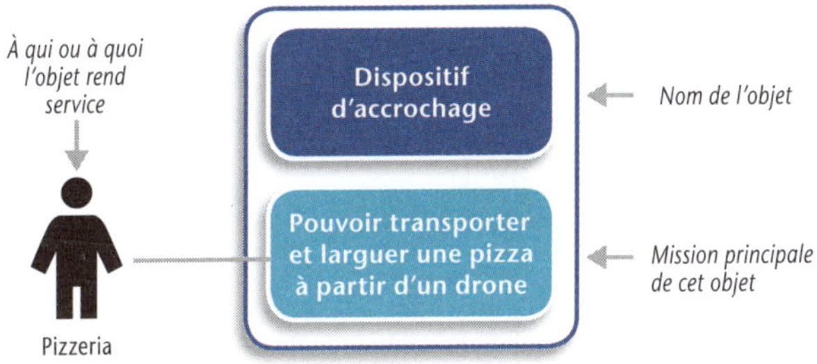

3 Le besoin exprimé par un cahier des charges

Fonction et contraintes	Critères	Niveaux
Fonction principale : transporter les pizzas	Masse	1 000 g
Contrainte n° 1 : la pizza doit être libérée à destination	Hauteur de largage	Entre 0 et 10 cm
Contrainte n° 2 : le client doit être averti	Signal sonore	À 2 mètres de l'arrivée
	Distance audibilité	20 m

- Le cahier des charges précise **la fonction principale** que doit assurer un système et **les contraintes** qu'il doit respecter. Il précise **les niveaux de performance** à atteindre.

FICHE 46 Participer à l'organisation et au déroulement de projets

1 Les étapes d'un projet

Un fabricant de drones a listé les étapes lui permettant d'adapter un crochet sur un drone existant pour transporter des pizzas.

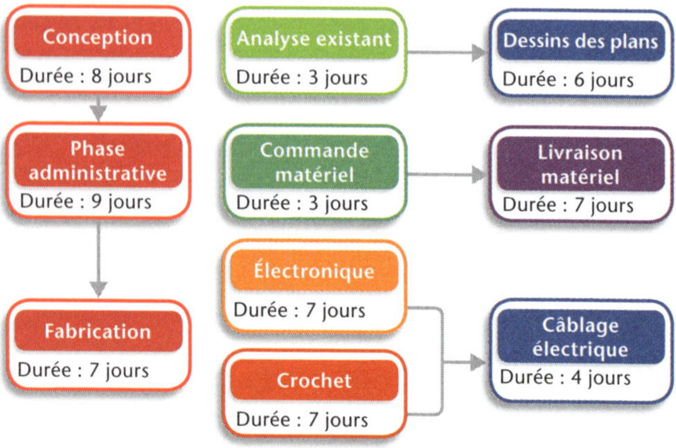

Cet organigramme permet de visualiser les grandes étapes du projet et les opérations qui y sont associées.

2 Le planning prévisionnel

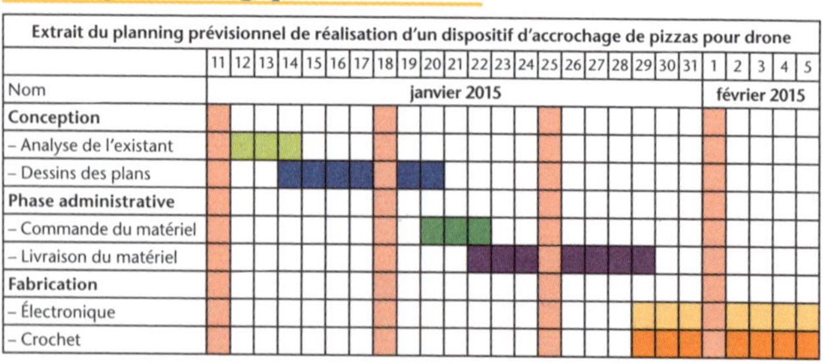

Les revues de projet correspondent aux grandes étapes. Elles permettent de vérifier si les opérations réalisées sont cohérentes par rapport au cahier des charges.

Rechercher des solutions techniques et les exprimer avec des outils de description

1 Le diagramme de définition des blocs

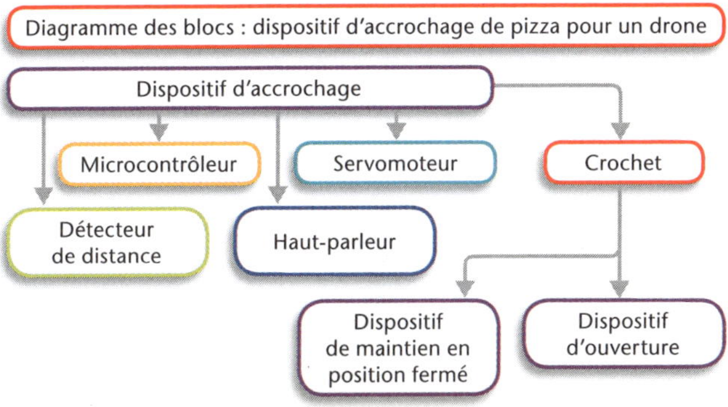

Un diagramme de définition des blocs est un schéma qui permet de décrire l'ensemble des **composants** d'un système. Les liens entre certains blocs sont représentés.

2 Le croquis

- Un croquis est un dessin fait « à main levée » sans recherche de détails.
- Le but est de dégager **l'essentiel de la solution** liée au système.

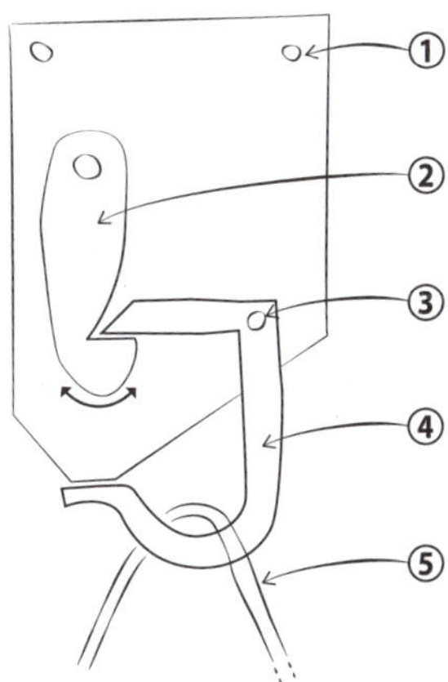

① Trou pour fixer le drone.

② Pièce actionnée par un servomoteur pour bloquer le crochet (cliquet).

③ Axe du crochet.

④ Crochet qui bascule pour libérer les pizzas.

⑤ Sangle reliée aux boîtes de pizzas.

FICHE 48

Traduire à l'aide d'outils de représentation numérique des choix de solutions

1 La représentation 3D dans une démarche de design

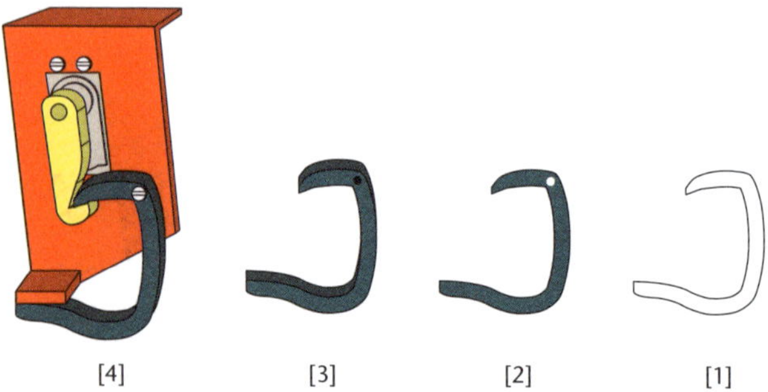

- Pour dessiner le crochet à l'aide d'un logiciel de représentation 3D, il a été nécessaire de dessiner son **profil** grâce à des **outils géométriques** [1], le trou permettant la liaison avec une vis au support [2] puis de l'**extruder** afin d'obtenir l'épaisseur souhaitée [3]. Le **choix des dimensions** doit permettre aux pièces représentées de s'**assembler** correctement [4].
- Un designer a revu la forme du crochet afin d'améliorer son **esthétique** et l'ensemble des fonctions.

2 La réalité augmentée

Un dispositif de réalité augmentée permet de simuler virtuellement le fonctionnement d'un système.

Réaliser le prototype de la structure d'un objet technique

FICHE 49

1 Prototypage par ajout de matière

Le principe de l'impression 3D

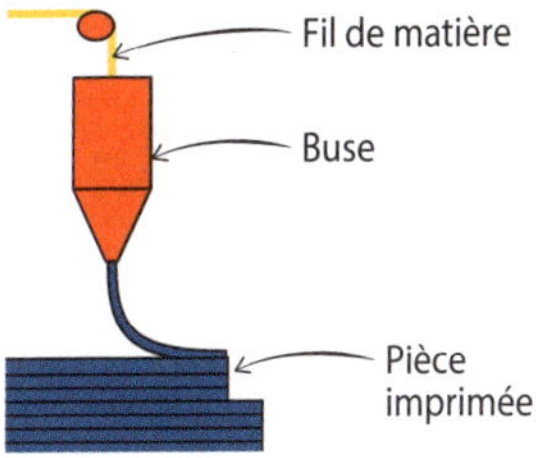

Le paramétrage de l'impression 3D

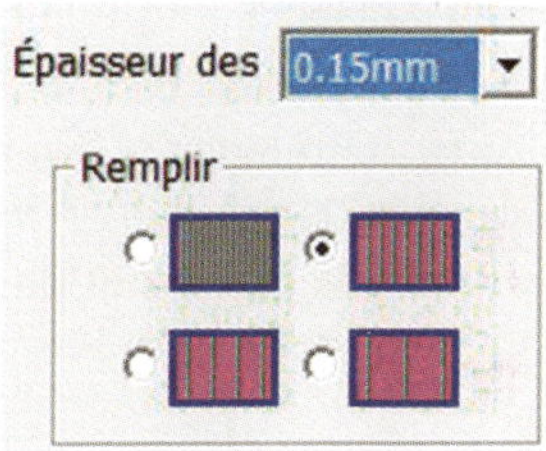

Fichier permettant l'impression 3D du crochet avec une imprimante 3D

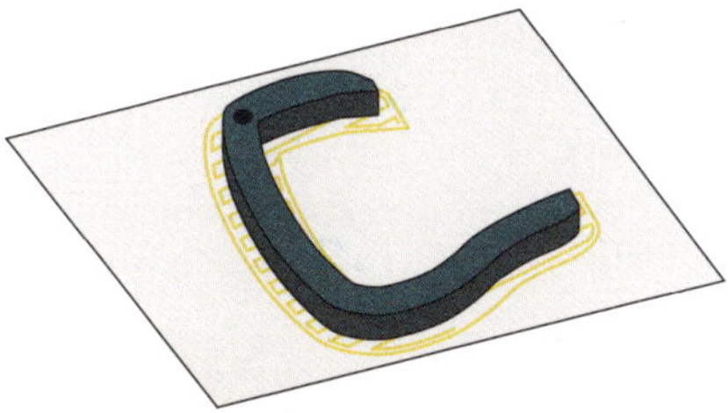

Une imprimante 3D permet de réaliser un prototype en déposant successivement de fines couches de matière. Pour obtenir une résistance mécanique satisfaisante, il est possible de faire **varier la densité de matière** à l'intérieur de la pièce (procédé de « remplissage »).

2 Prototypage par enlèvement de matière

Une fraiseuse à commande numérique permet de réaliser un prototype en enlevant des fragments de matière (copeaux) grâce à un outil coupant (fraise en rotation).

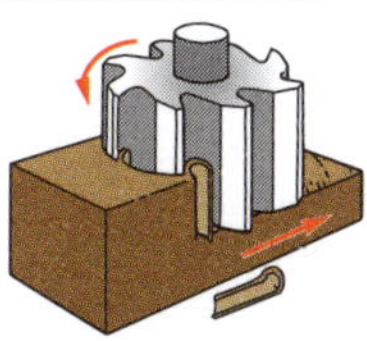

FICHE 50 Participer à l'organisation et au déroulement de projets

Outil méthode

Le prototypage d'un circuit de commande est constitué de cartes électroniques assurant différentes fonctions, de fils électriques et d'un environnement de programmation.

a. Le microcontrôleur

- Le microcontrôleur est **l'élément central** qui comporte le programme.
- Il possède **des entrées et des sorties** qui permettent de connecter les autres cartes.

Carte microcontrôleur Arduino

b. Les capteurs

Les capteurs **collectent des informations** sur leur **environnement**, comme la température, un mouvement, un obstacle, de la lumière…

Carte de détection d'obstacle

c. Les actionneurs

Les actionneurs permettent des **actions** comme une lampe produisant de la lumière, un moteur qui actionne un crochet…

Servomoteur

Carte de commande d'un servomoteur

d. La connectique

La connectique désigne l'ensemble des **fils, câbles, fiches** permettant de réaliser des **liaisons électriques** entre les différents éléments.

BILAN

Démarche de projet : design, innovation et créativité

FICHE 51

SCHÉMA-BILAN

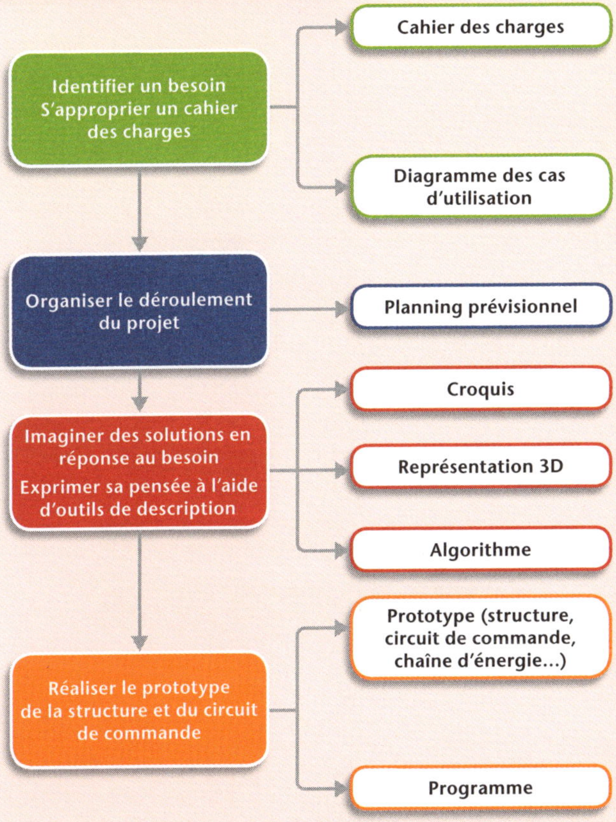

Une démarche technologique est constituée d'étapes qui, à partir de l'identification d'un besoin, réalisent un prototype permettant de valider les solutions imaginées.

FICHE 52 Relier les évolutions technologiques aux inventions et innovations

La réalisation d'une **frise chronologique** d'une famille d'objets permet de visualiser des **lignées d'objets** au regard des inventions, innovations et évènements qui marquent leur histoire, d'expliquer **les continuités** (même lignée) **et les ruptures technologiques** (différentes lignées).

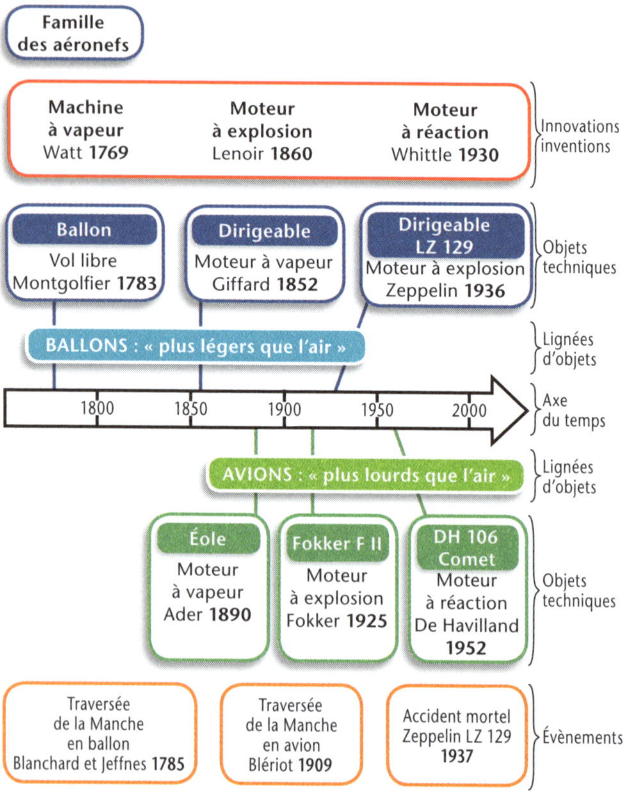

La frise présente deux lignées d'aéronefs : celle des ballons qui s'est éteinte en 1937 au profit de celle des avions.

Analyser le cycle de vie d'un objet et son impact social et environnemental

FICHE 53

• Les évolutions des objets techniques ont des impacts sociaux et environnementaux.

• Ils peuvent être analysés selon trois points de vue :
– celui de l'**ingénieur** (scientifique, technique, industriel) ;
– celui de l'**utilisateur** (fonctionnel, ergonomique, rapport performances/qualité/prix) ;
– celui du **citoyen** (sociologique, économique, environnemental, historique).

Le cycle de vie d'un produit

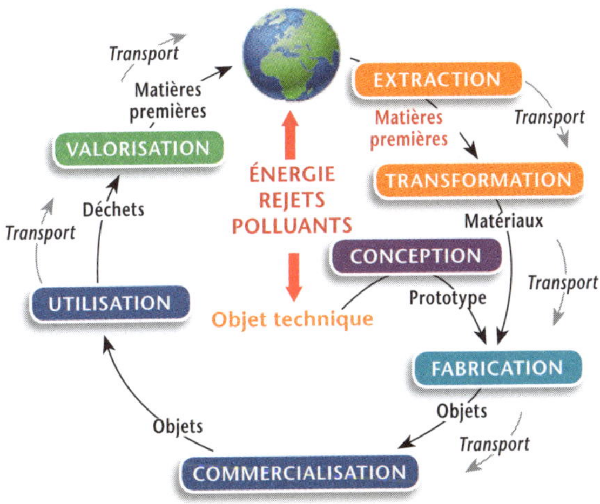

• L'analyse du cycle de vie d'un objet technique montre que de l'**énergie** et des **matières premières** sont nécessaires à chaque étape.

• En **fin de vie**, les matériaux de l'objet technique sont **valorisés** : incinérés, pour produire de l'énergie, ou bien recyclés.

• L'objet technique émet, tout au long de sa vie, des **rejets** pouvant être polluants, dont le dioxyde de carbone, responsable du réchauffement climatique. Les **transports** s'ajoutent à la consommation d'énergie et à l'émission de produits polluants.

FICHE 54

Évolution des objets techniques, des services et des changements induits dans la société

SCHÉMA-BILAN

L'évolution technologique est induite par :

- les demandes des **utilisateurs** (fonction, esthétique, ergonomie...) ;
- la **société** (à travers des normes de sécurité, l'environnement...) ;
- les **découvertes scientifiques** ;
- les **inventions et innovations** donnant lieu à des brevets ;
- l'**histoire** des peuples (crises, conflits, situations économiques et géopolitiques...).

↓ **ÉVOLUTION TECHNOLOGIQUE**

Famille d'objets

- Lignée d'objets
- Lignée d'objets
- Lignée d'objets

*Les objets sont étudiés par **famille d'objets** répondant à un même besoin, dans lesquelles on distingue des **lignées d'objets** construits selon le même principe général.*

↓

Les évolutions technologiques induisent des modifications :

- du comportement des **utilisateurs** : nécessitant de bonnes pratiques, notamment dans l'usage d'objets communicants ;
- de la **société** : dans les organisations du travail, les modes de vie, de consommation, de communication, la manière de vivre ensemble ;
- de l'**économie** : par des investissements et des consommations sur des secteurs nouveaux au détriment d'anciennes activités ;
- sur l'**environnement** : selon les consommations d'énergie, de matières premières et les rejets plus ou moins polluants ;
- des **technologies** : par la recherche d'améliorations et de réponses à de nouveaux besoins.

Mesurer des grandeurs de manière directe ou indirecte

FICHE 55

1 Un protocole de mesure directe de la valeur d'une résistance

Matériel
- Résistances à mesurer **[1]**
- Multimètre **[2]** en position ohmmètre
- Cordons de connexion **[3]**

Instructions
- Brancher la résistance à mesurer aux bornes de l'ohmmètre.
- Régler le calibre sur une valeur juste supérieure à celle de la résistance à mesurer.

Schéma

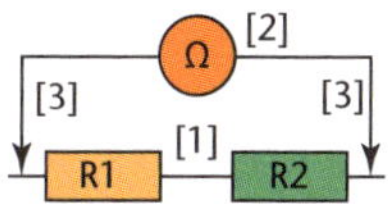

Résultats
Lecture sur l'écran de l'appareil.

Le résultat est obtenu en relevant **directement** la valeur indiquée sur l'appareil de mesure.

2 Un protocole de mesure indirecte de la valeur d'une résistance

Matériel
- Résistances à mesurer **[1]**
- Multimètre **[2]** en position ampèremètre
- Cordons de connexion **[3]**
- Alimentation stabilisée **[4]** à 4,5 V

Instructions
- Réaliser le montage selon le schéma ci-contre.
- Régler le calibre de l'ampèremètre sur la valeur maximum (10 A).
- Brancher l'alimentation.
- Abaisser le calibre de l'ampèremètre jusqu'à obtenir une mesure correcte.

Schéma

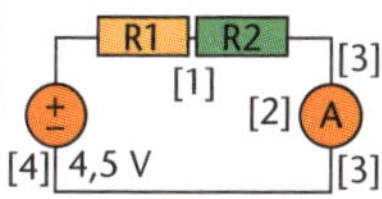

Résultats
Lecture de l'intensité.
La loi d'ohm permet de déterminer la valeur de la résistance :
Sachant que $U = R \times I$
$R = \frac{U}{I}$

Le résultat est obtenu **indirectement** par la mesure d'une autre grandeur que celle recherchée, puis par l'application d'un modèle physique ou mathématique (formule). Le **choix d'une méthode** directe ou indirecte doit tenir compte de la précision recherchée. Il est parfois imposé par la difficulté de mesure (force, vitesse, accélération…).

FICHE 56 Identifier les flux d'énergie et d'information

- Un diagramme des blocs internes décrit **les flux d'information et les flux d'énergie** qui circulent entre les composants de l'objet technique, ainsi que leurs **transformations** successives pour obtenir le fonctionnement recherché.

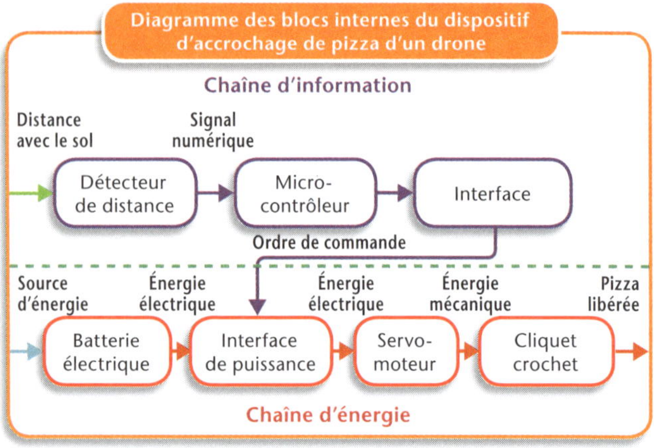

- Pour larguer une pizza, le drone possède un **détecteur de distance**. L'acquisition de cette information déclenche, grâce au **microcontrôleur** et à l'**interface**, un ordre de commande. Celui-ci agit sur le **servomoteur** qui fait pivoter le **cliquet** actionnant le **crochet**, lequel libère la **sangle** de la pizza de par son propre poids.

- L'ensemble du dispositif est maintenu par le support ①.
Le crochet ② supporte la sangle ④ qui porte une pizza emballée. Le crochet est bloqué en position grâce au cliquet ③.

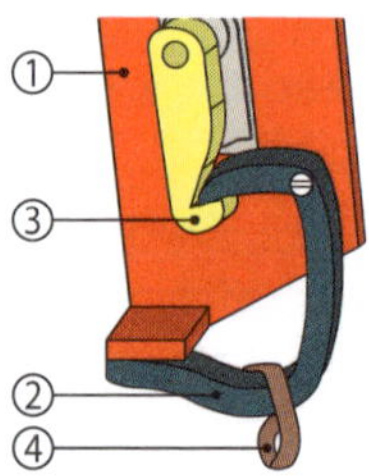

Identifier et justifier les matériaux utilisés

FICHE 57

Outil méthode

- Les **matériaux** qui constituent un objet technique sont déterminés en fonction de leurs **caractéristiques** mises en regard avec les **exigences du cahier des charges**.

- Ces exigences sont classées (hiérarchisées) selon la priorité à leur accorder pour répondre aux différentes fonctions et contraintes à assurer.

Un extrait du cahier des charges		La solution retenue
Drone livreur de pizzas	On recherche un matériau pour le crochet de largage du drone livreur de pizzas. Il doit pouvoir résister à la charge transportée dans le volume défini, être le plus léger possible et avoir un faible impact environnemental.	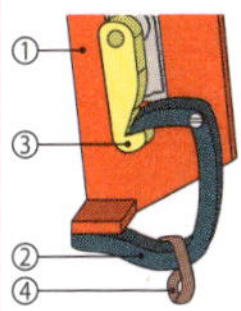 ① Support ② Crochet de largage ③ Cliquet ④ Sangle de largage

- Un tableau de choix d'un matériau met en relation les caractéristiques du matériau avec les propriétés recherchées pour répondre aux exigences du cahier des charges.

Un tableau de choix du matériau pour le crochet d'un drone livreur de pizzas

Propriétés recherchées	**Résister à la charge à transporter**	**Être le plus léger possible**	**Avoir un impact environnemental faible**
Caractéristiques des matériaux	**Limite élastique** en traction (en mégapascal)	**Masse volumique** (en kg par décimètre cube)	**Énergie** pour produire le matériau (en mégajoule par tonne)
Acier	250 MPa	7,85 kg/dm^3	60 MJ/t
Aluminium	150 MPa	2,7 kg/dm^3	250 MJ/t
PVC	30 MPa	0,95 kg/dm^3	45 MJ/t
Épicéa	20 MPa	0,75 kg/dm^3	1 MJ/t

FICHE 58 Simuler numériquement la structure et/ou le comportement d'un objet

Simulation du comportement d'une pièce d'un drone livreur de pizzas

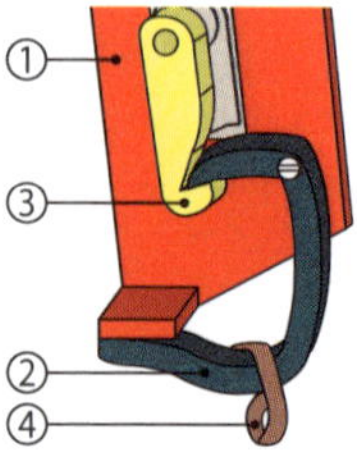

Le crochet ② bloqué par le cliquet ③ doit pouvoir supporter la sangle ④ portant une pizza emballée.

Représentation

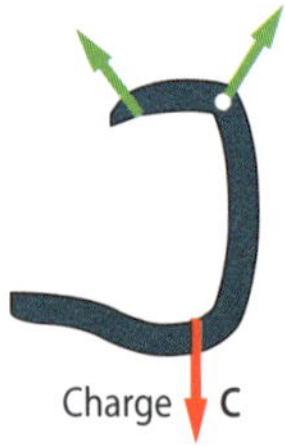

Le modèle est paramétré dans le logiciel de simulation en fonction du matériau et de la charge à supporter.

Modélisation

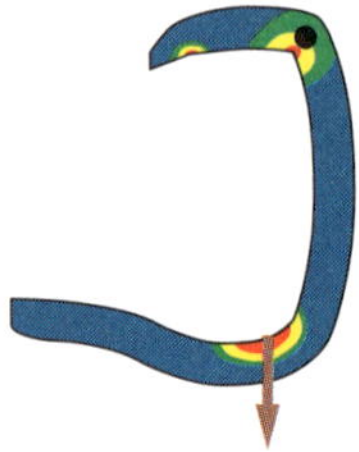

Les couleurs montrent comment se répartissent les efforts dans le crochet. Elles révèlent une fragilité (en rouge).

Simulation

- La simulation teste de manière **virtuelle** le fonctionnement ou la structure d'un objet technique sans recours à un prototype **réel**.
- Elle révèle des **écarts** avec les attentes du cahier des charges et permet donc des corrections et des mises au point de l'objet avant d'envisager sa réalisation matérielle.

BILAN

Démarche scientifique : la modélisation et la simulation des objets techniques

FICHE 59

SCHÉMA-BILAN

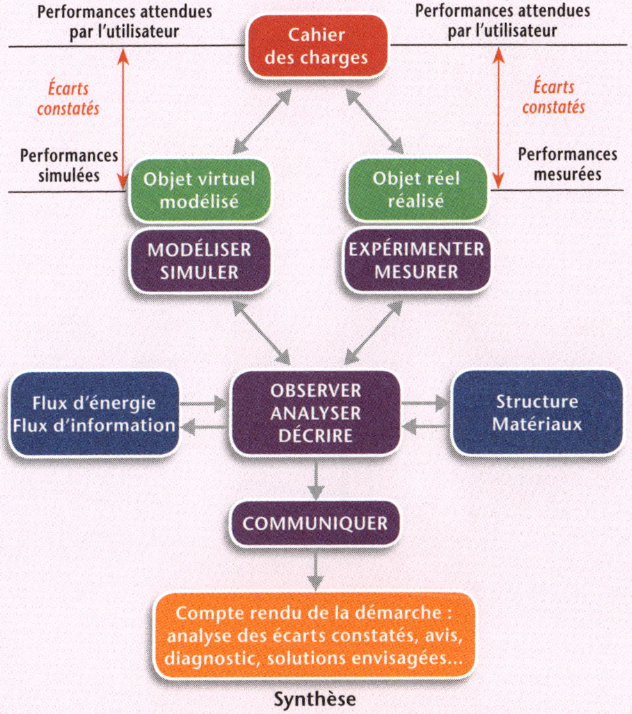

La **démarche technologique**, dans sa dimension scientifique, fait appel aux lois de la **physique**, de la **chimie** et aux outils **mathématiques** pour :
- résoudre des problèmes techniques ;
- analyser et investiguer des solutions techniques ;
- modéliser et simuler le fonctionnement et le comportement des objets et systèmes techniques.

FICHE 60 Comprendre le fonctionnement d'un réseau informatique

• Les réseaux informatiques permettent l'échange de données entre les différents éléments grâce à des protocoles de routage.

Architecture d'un réseau informatique en étoile

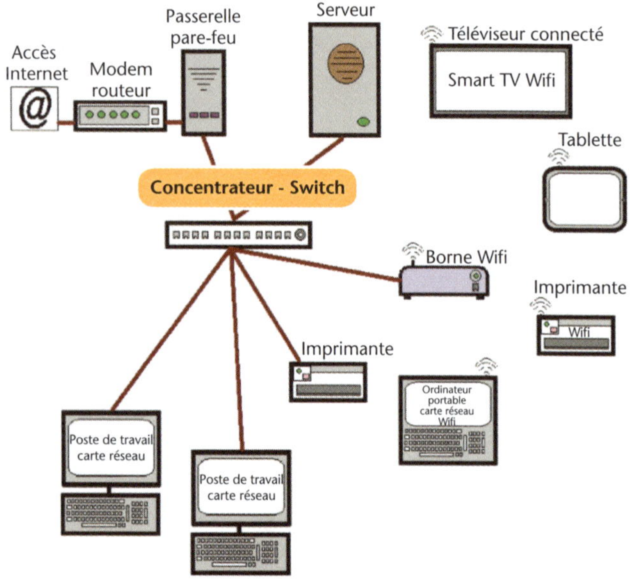

• Dans l'architecture d'un réseau en étoile, chaque composant, grâce à sa carte réseau, est relié par un câble au **switch**.
Le **modem routeur** assure le lien entre le réseau Internet et le réseau local. La **passerelle pare-feu** sécurise les données entrant dans le réseau local. La **borne Wifi** permet la connexion de composants sans fil. Le **serveur** gère les protocoles des différents réseaux et abrite un espace de stockage des données.

• Dans le cas de **réseaux domestiques**, les « box » fournies par les fournisseurs d'accès associent les fonctions de modem, routeur, pare-feu, switch, borne Wifi et parfois serveur.

Imaginer, concevoir et programmer des applications informatiques nomades

FICHE 61

1 Un algorithme

Un algorithme précise l'ordre des opérations que le système doit réaliser pour répondre au cahier des charges.

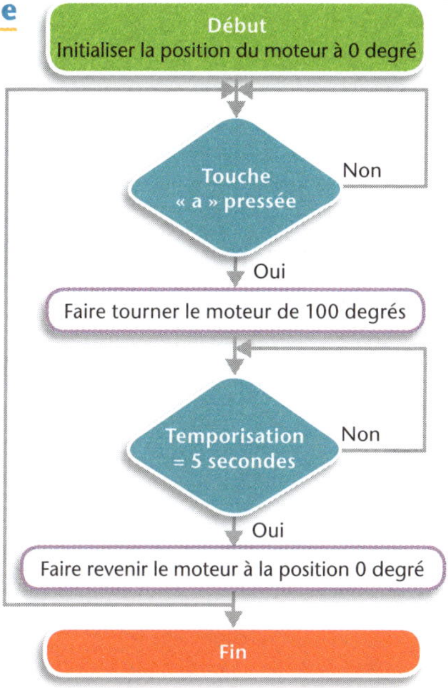

Algorithme sous forme graphique

2 Un programme

Un programme traduit dans un langage de programmation un algorithme. Une interface graphique permet de faciliter la programmation et la lecture du programme.

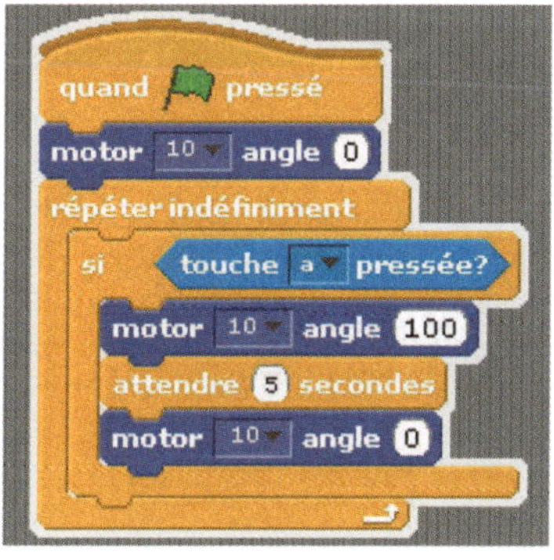

FICHE 62 Enseignement d'informatique : réseaux informatiques et programmation

SCHÉMA-BILAN

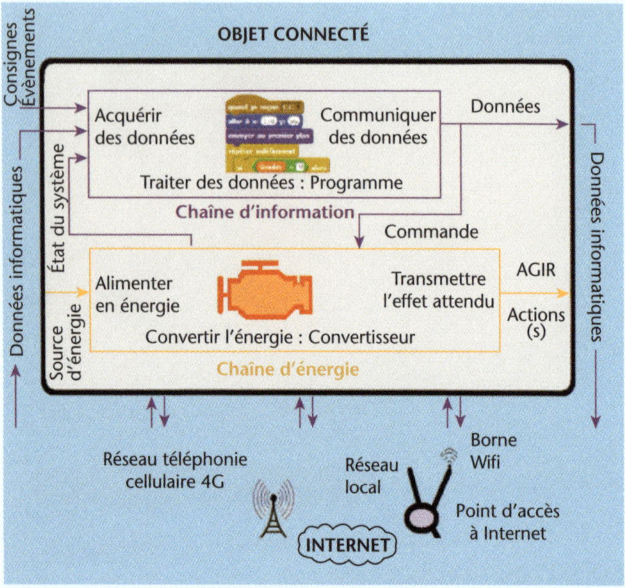

L'objet connecté est piloté par un **programme** élaboré selon un **algorithme** en fonction de consignes, d'évènements extérieurs mais aussi de données informatiques transmises par le réseau.

Sa **chaîne d'information** communique des ordres de commande à la **chaîne d'énergie** ainsi que des données informatiques au réseau.
L'objet connecté agit selon le comportement attendu, grâce à une chaîne d'énergie.

Les **composants du réseau** informatique communiquent avec l'objet, grâce à différents **protocoles** (algorithmes de routage).